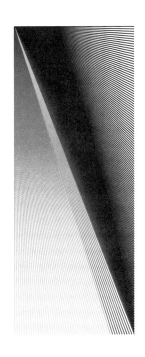

数据要素的市场化

姜奇平 —— 著

中国出版集团
中译出版社

图书在版编目（CIP）数据

数据要素的市场化 / 姜奇平著 . -- 北京：中译出版社，2024.9. -- ISBN 978-7-5001-8017-3

Ⅰ . F49

中国国家版本馆 CIP 数据核字第 20242EM187 号

数据要素的市场化

SHUJU YAOSU DE SHICHANGHUA

著　　者：姜奇平
策划编辑：吕百灵
责任编辑：张孟桥
文字编辑：吕百灵
营销编辑：白雪圆　郝圣超

出版发行：中译出版社
地　　址：北京市西城区新街口外大街 28 号 102 号楼 4 层
电　　话：（010）68002494（编辑部）
邮　　编：100088
电子邮箱：book@ctph.com.cn
网　　址：http://www.ctph.com.cn

印　　刷：中煤（北京）印务有限公司
经　　销：新华书店
规　　格：880 mm×1230 mm　1/32
印　　张：10.125
字　　数：198 千字
版　　次：2024 年 9 月第 1 版
印　　次：2024 年 9 月第 1 次印刷

ISBN 978-7-5001-8017-3　　　定价：79.00 元

版权所有　侵权必究
中 译 出 版 社

序

白天不懂夜的黑

数字经济最令人惊奇的变化，是把市场从白天的市场变成了黑夜的市场，形成了一个阴阳二元轮转的市场。

数据具有外部性，一旦数据要素成为主导生产要素，市场、市场化、市场经济、市场经济体制都会发生反转性变化，反在什么地方？新的规律何在？本书从头到尾就在讲这个阴阳之道。

黑夜的市场，我们称为科斯型市场；白天的市场，则称为反科斯型市场。学术上，前者称为单边市场，后者称为双边市场。

二者的相反之处在于，黑夜的市场，遵循的是科斯定理，需要把外部性赶到市场外边去；白天的市场，与科斯定理违逆，需要把外部性放在市场内。

因双边市场理论而获得诺贝尔经济学奖的梯若尔明确指出，"科斯定理无效是'双边性'的必要非充分条件。"埃文斯也指出，"市场是双边的必要条件是科斯定理并不适用于双方之间的交易。"而数字经济不能离开双边性，因为互联网就是双边网。但正如歌中所唱的："我的黑夜比白天多，不要太早离开我。"

人们舍不得离开传统，舍不得离开黑夜的市场。可数字经济总会到来，天也总会亮。这时人们会惊恐地发现，数据交易所里没有交易了，市场也不见了。

当前数据要素市场化最主要的矛盾是，场内交易不到交易总量的 5%。人们基于科斯定理解释的事实，不足总量的 5%。对此，人们陷入迷茫。本书试图从源头上设问：数据要素市场化，到底是什么"市场""市场化""市场经济""市场经济体制"？

在本书中，我有一处概括地写道："我们可以把市场分为两类，工业经济中的市场，称为单边市场；数字经济中的市场，称为双边市场。单边与双边，都有买卖双方参与，因此，买卖双方参与并不是区别所在。实质区别在于，单边市场是排斥外部性的市场，双边市场是包容外部性的市场。因此，工业经济与数字经济的市场区别，可一言以蔽之，即外部性在市场之外与市场之内的区别。诺贝尔经济学奖获得者梯若尔指出'在科斯研究的世界里，市场是单边性的'；而将双边市场定义为'存在组间外部性'（即'U_i 随着 N_j 增加而增加'）。"

"单边市场排斥外部性，就是不允许别人占自己便宜（搭便车），所以是零和博弈市场；双边市场包容外部性，允许买方与卖方相互占对方便宜（相互提供外部性），并且将所占便宜换位成'互为报酬'（相互内部化），所以是合作共赢市场。保证流量，意图在于守住合作共赢的机制这一底线。意思是不要因为过度治理或无序治理，把先进的双边市场倒转回落后的单边市场，那样，数字经济就会出现大损失、大倒退。"

这两年，我在反思互联网出现的问题时，曾不无悲观地认为，人说三代出贵族，认识规律的形成说不定也需要三代。也许我们需要付出 60 万亿元的学费，最终却只能触到规律的边。

20 世纪我翻译《浮现中的数字经济》时，第一次接触数字经济的概念，其对我来说，也才刚刚露出一点真面目。我现在初步找到的一点感觉是，人类经济组织正东升西落：家庭落山了，企业落山了，浮现出的是生态，天马上要亮了。

目　录

第一章
数据基础与制度建设

第一节　论数字经济的价值本体　003

第二节　使用是检验价值的唯一标准——从中国式现代化
　　　　道路选择看数据基础制度建设　042

第三节　以使用权为中心是向地心说倒退吗？　087

第二章
数据要素市场化进程

第一节　面向价值化，探索数据要素市场化之路　101

第二节　数据要素收益的市场确定　106

第三节　数据资本资产定价的研究对象与方法　112

第四节　以数据深化主导金融深化　133

第五节　谨防数字经济中的服务业供给抑制　139

第三章
数据监管与平台经济

第一节　充分肯定平台发展的积极意义　145

第二节　数字经济新监管体系思考　147

第三节　在平台治理中建立评估市场作用　153

第四节　反思竞争政策失灵　159

第五节　从合作制角度认识平台基本产权制度（上）　161

第六节　从合作制角度认识平台基本产权制度（下）　166

第七节　通过服务化提高增长质量　171

第四章
数字化转型与新机遇

第一节　当前 AI 大模型尚处"猿人阶段"　179

第二节　国有企业数字化转型的关键　187

第三节　第四产业的实质在服务化　192

第四节　以 0 次分配促进共同富裕　199

第五节　公平贸易 2.0 与元宇宙 2.0 时代　201

第六节　抓纲带目，以智慧化带动老龄化　204

第七节　创新行政方式，加强生态治理　210

第五章
数据时代的人文关怀与挑战

第一节　论人的价值最大化　215

第二节　数据时代，普通人的生活还有价值吗？　239

第三节　Web3.0 的深意　252

第四节　网络文学如何"讲故事"　254

第五节　为什么真实变得不再重要　260

第六章
数据要素发展与新质生产力

第一节　新质生产力：核心要素与逻辑结构　273

第二节　"数据要素×"对我国产业跃升的影响　297

第三节　保证流量是个大问题　299

第四节　"数据要素×"三年行动要紧抓"复用"，
　　　　体现生产力的新质　302

第五节　传统与新兴产业如何发展新质生产力？　309

第一章
数据基础与制度建设

第一节　论数字经济的价值本体

提出"数字经济的价值本体"这个问题所针对的是，将定义数字经济的角度从先前的数字视角（如基于数字技术的经济），转换为经济视角（如在价值上有什么不同）。经济的本体在于价值，而不在于技术手段。在定义工业经济时，不应说它是基于工业技术的经济，而应从价值本体上，把它定义为社会化机器大生产，以别于小农经济。同样，"基于数字技术的经济"这样的定义，仅从技术上概括说明数字经济，难以触及其本质。可否不用技术的字眼定义数字经济，只说经济本身在价值上发生了什么变化？我认为是可以的。从价值角度而非技术角度解析数字经济的内涵，有助于澄清这样一种误解，即认为数字经济只在技术（数字）上是新的，而在经济上依然同以往一样，这会误导人们"穿新鞋走老路"。

即便是斯密在解析工业经济时，也没有使用任何技术字眼（诸如"蒸汽机技术"之类），而仅仅从经济本体——价值（包括价值创造方式）开门见山地指出，工业经济比此前的农业经济多出了一个新的价值，即交换价值。以交换价值这一新经济本体同农业经济的旧本体——使用价值区分开来，并明确交换价值之于使用价值的主导地位。反过来想，如果斯密也用今天常用的"洋务运动"式的定义方式，只谈技术（"用变"），不谈本体（"体变"），把工业经济定义为基于工业技术的经济，就无法区分利用工业技术从事小生产（如用电进行农业家庭经营）与资本家利用农业技术从事大生产（如农业产业化）之间的本质差别。这就变为旧学为体、新学为用，抓不住时代变化的根本所在。本书分别从价值本体的形式与内容两方面来分析数字经济的价值本体。

一、数字经济的价值之于使用价值的主导

先从计量维度这个形式上理解数字经济。就价值的主导方面（或主导价值）而言，农业经济的价值本体在于使用价值，工业经济的价值本体在于交换价值，数字经济的价值本体在于特殊定义的附加价值。这里将附加值从增加值中区分出来，赋予其质量、创新、体验的内涵，作为数字经济的"经济"新质所在。数字经济是创造高附加值的经济，并以均衡水平的高附加值区别于工业经济的价值本体。

（一）设立新的价值维度

经济本体的价值维度是个历史概念。每一种新经济总是通

过扬弃，把旧经济中的价值包容于自身之内，同时又彰显出新价值。例如，农业经济通过使用价值这个维度，概括自身的经济本体与主导价值；工业经济通过使用价值与交换价值两个维度把握价值，其中的使用价值是继承，交换价值是发展，后者为主导价值，前者为基础价值；数字经济通过使用价值、交换价值、附加价值三个维度把握价值，其中的使用价值、交换价值是对工业经济价值的继承，为基础价值，附加价值是数字经济的新发展，为主导价值。

在索洛悖论中，看不到数字经济的产出，并不是因为它不存在，而是因为在增加值与附加值不分的条件下，没有适合的价值维度将其显示出来。数字经济的价值本体与高质量发展的价值本体是相同的，都是将质加以内生的经济（从供给角度内生质的差异性，称为创新；从需求角度内生质的差异性，称为体验；当供需平衡时，合称为质量。这里的质量，不是指产品质量，而是指生活质量，分为高质量发展与低质量发展）。在工业经济的计量体系中，先验假设所有的量，都是同质之量，因此，高质量发展与低质量发展，在质的不同上是无法量化观测的。统计学称之为未被观测经济（Non-observed Economy，简称 NOE）。

研究数字经济需要设立新的价值维度，使它特有的价值从未被观测状态转化为可被观测状态。基于数据的特性（数据可以非结构化，用来表征质的不同），本书认为这个新的维度，应从"把质加以量化"这个大方向上寻找。本书先验设定，工业经济的价值"容器"是增加值（抽象价值容器），数字经济的价值"容器"是附加值（抽象价值容器＋具体价值容器）。附加值就是可以把质（质量、创新、体验）的价值加以量化的新维度。

研究新价值本体的突破口在于发现价值本体的"容器"不同。这个"容器"比喻的是容纳（计量）价值的新维度，决定一种价值是看得见（显现），还是看不见（隐藏）。例如，重农学派眼中的使用价值是以物理单位（长宽高与重量等物量值）为"容器"的，而工业学派（如斯密）眼中交换价值的"容器"是符号单位（货币、现价值）。按前一种"容器"说法，将木材加工为桌子是减少价值，看不见加工制造的价值；按后一种"容器"说法，将木材加工为桌子是增加价值（增加值），加工制造带来的价值从看不见变为看得见。同样，识别工业经济与数字经济的价值本体，也要区分"容器"。虽然二者同为符号单位（货币为一般等价符号，数据为"一般等价符号＋非一般等价符号"），但也要进一步区分两种符号"容器"的不同。

如果不区分"容器"的话，会出现什么样的情况呢？典型如知识价值论，一说信息、知识、数据创造了什么价值，首先想到的就是创造了何种使用价值与交换价值。这就把"容器"弄错了。等于在说创造了什么样的工业经济价值，而把知识独特的价值——比制造具有更高附加值这一点忽略掉了。深入研究后会发现，数字经济创造的价值，在上述两种价值（使用价值与交换价值）之外，属其他未被观测经济（NOE）价值的存在。与典型工业经济（以零经济利润为标准态）的不同在于，它创造出某种不同于一般交换价值的附加价值。

这种价值与斯密所说的交换价值的最大区别在于：它除了抽象价值外，还附加有具体价值，且不是使用价值意义上的具体价值，也不同于一般所说的具体交换价值，而是特指异质性价值，即体现质量、创新、体验中的差异化、多样化、异质性所特有的具体价值，在经验中对应个性化、定制、内容、情感等来源附加的溢价。对比之下才发现，原来工业经济中所说的交换价值，全是无差异化、非多样化的抽象价值。与这种抽象价值对应的具体价值，都是同质化的使用价值。

这里可以产生一个新的知识点：用同质、异质这对范畴区分两种不同的"创造新价值"。当创造的新价值是同质价值时，称为增加值（熊彼特称为物质的"循环流转"）；当创造的新价值是异质价值时，称为附加值。

（二）有别于增加值的附加值

数字经济创造的新价值，是从它的旧价值母体中产生的。对于数字经济创造的不同于抽象交换价值的新价值，可以在附加值这个概念基础上进行概括。在以往的研究中，增加值（Value Added）与附加值（Added Value）一般被视为同一个概念,是同一个"容器",都是指经济主体创造出来的新价值。本书在保留"创造新价值"这个共同含义的基础上,将附加值从增加值中区分出来,赋予其特定含义,作为数字经济的价值"容器",从而形成工业经济价值、数字经济价值两个不同的计量"容器"。

数字经济本质上是令质的差异更富于效率的经济。信息、数据本身就是专门显示质的差异的中介,并以此区别于货币中介。信息技术、大数据技术,都是提高多样性效率的技术("多样性"在技术上对应"非结构化数据",都是 Variety)。当这种生产力传导到经济本体时,就会使差异化、多样化、异质性的新价值从不经济变为经济。

本书假定,数字经济创造的是一种不同于增加值的附加值。在经验中,这种附加值等价于质量、创新、体验的价值。质量、创新、体验三者之间的共同点在于,它们的价值都来自质的差异。差异的程度可以由均衡时 AC-MC 的溢价之差衡量。AC-MC 这个价差越大,表明质的区别(如高质量与低质量)在定价中的作用越大,创新在定价中的作用越大,体现在定价中的作用也越大;反之,这个价差越小,说明质量、创新、体验作为价格变量影响因素的作用越小。附加值与增加值的计量转化代表着数字经济价值与工业经济价值的"换算"关系。差异化定价因素在工业经济中也存在,如品牌、专利,但与无差异定价(完全竞争均衡价格)相比,因为没有主导生产力的支持,不是一种常态化与主导现象。表现在理论上，就是认为在所谓"长期"中，这种差异一定会被竞争完全磨平，如创新终将被模仿影响而泯然众人矣。直到信息技术、数据技术成为主导生产力后，潜伏于工业经济中的次要定价因素，转而成为主导定价方式。在理论上，内生质量、创新、体验的均衡，不仅可以符合均衡，而且可以变为广义的最优，成为新常态。

重新定义后的附加值可以按标准方法转化为增加值，从而将数据中介上的特有价值转化、还原为工业经济通用的货币中介上的一般价值。这里把附加值从工业经济中的附属性价值"扶正"为数字经济中的主导价值，将数字经济的独特价值定位于提供增加值基础上的附加值。

1. 区分两种含义的"创造新价值"

理解附加值包含的新含义，需要区分两种含义的"创造新价值"。熊彼特是第一个提出"创造新价值"新含义的知名经济学家。熊彼特认为，只有创新才能创造新价值。与斯密对价值的工业经济式的理解（交换价值）相比，有了一个明显的进步，即将创造新价值的重心从无差异行为转向差异化行为，由此孕育出数字经济价值本体（差异化价值）的萌芽。

以加工、制造活动为原型概括出来的价值是标准化、同质化的抽象价值。这是增加值意义上的"创造新价值"。这种价值在量上的增加，虽然也可以称为"创造新价值"，但实际创造的只是新增加的同质化价值，如将100只罐头的产量提高到106只。而这种价值，在熊彼特看来，不是什么新价值，而只是产生了新的旧质，是同质化的旧质量的增加。这种价值可以算作增加值，但却不被熊彼特认可为"创造新价值"。在新的语境中，增加值的加是指加在原材料上，即加工与制造活动创造的价值。如拉卡（A.W.Rucker）指出的："生产价值（Production Value）是因为企业的生产活动所附加于原材料上增加的价值，也就是由总销售额减掉原材料费、动力费、消耗品费后得到的附加值数值。"

创新所创造的则是异质性价值，即创造新质的使用价值（用新的质取代旧的质）与新质的交换价值（附加利息之上的更高价值）。在新的语境中，附加值的加不是加在原材料上，而是加在原有产品（如加工与制造产品）上。如雷曼（Mr Lehman）采取"加法"对附加值进行定义，把附加值称为"创造价值"（Created Value）。这里的创造是指，在产品原有价值的基础上，通过生产过程中的有效劳动新创造的价值，即附加在产品原有价值上的新价值。创新由此成为提高附加值的根本途径，而这是增加值中没有的意思。

为了有效进行工业经济价值与数字经济价值的区分，我不赞同把所有新增的价值都称为附加值，而只把附加值理解为附加在原有价值（产品价值、生产价值）上的新价值（服务价值，如设计、品牌、维护等活动新增的价值）。数字经济本身当然也创造工业经济价值，但会越来越体现出自身特色，即附加值的占比越来越高。这种新的价值与工业经济价值（交换价值）的区别在于，交换价值是同质性价值，而新的价值是异质性价值。异质性在供给方面，表现为创新的价值，即差异化、多样化、异质性的生产的价值；在需求方面，表现为体验的价值，即差异化、多样化、异质性的消费的价值；合在一起，就是质的价值（新质的价值、质量的价值）。因此数字经济一定是高质量发展的经济。

2. 增加值与附加值的换算关系

新的价值可以通过交换价值来表现，即在同质性的交换价值之上，附加一个体现差异化、多样化、异质性的新价值。在均衡水平价格上，表现为边际成本之上附加平均成本，形成成本加成定价。在理论分析与实证计量上，增加值与附加值最鲜明的差别就是均衡价格的不同：凡是零经济利润的价值，即均衡价格为 $P=MC$ 时形成的价值，为增加值，其本质是无差异化、非多样性、同质性价值；凡是正经济利润的价值，即均衡价格为 $P=AC$ 时形成的价值（正经济利润指 $AC-MC$ 这一溢价区间，也可称租值），为附加值，其本质是差异化、多样化、异质性的新价值。

从中引申出的结论是，工业经济以无差异化竞争（传统上称为完全竞争）为常态，数字经济以差异化竞争（传统上称为垄断竞争）为常态。供给方面的差异化竞争表现为创新，需求方面的差异化竞争表现为体验。支持无差异化竞争的生产力是工业生产力，提高的主要是分工专业化的效率；支持差异化竞争的生产力是信息生产力（或称数据生产力），提高的主要是分工多样化的效率。虽然工业经济中存在差异化竞争，数字经济中也存在无差异化竞争，但就它们各自典型的、标准的形态来说，大致如以上区分。

《国民账户体系2008》（SNA2008）的统计口径是按"现价值"计算的，现价值本身并不区分真实世界实际发生的价格是完全竞争定价还是垄断竞争定价，因而难以用于质量的量化。在现有的增加值测算系统中，依照SNA2008的准则，上述附加值被列入"质量变化的测度"中处理。这部分价值之所以在GDP中"看不见"（因而成为NOE），是因为被平均处理了，如用拉氏价格指数比较0时期与t时期的价格。GDP的统计只能测度现价值，难以对同等之量（交换价值量、增加值）在质的差异上进行直接辨析。因此，如果两个经济的GDP相等，是无从区分两个经济的质量差异的。但是，人们可以从侧面观察到它们之间的区别，即观察制造业（或产业化）与服务业（或服务化）的比例关系，一般来说，制造业相较服务业的无差异化特点更为突出，服务业相较制造业的差异化特点更为明显。在相同的GDP条件下，制造业占比较高的经济体，完全竞争定价的经济占比较高，经济质量相对较低；而服务业占比较高的国家，垄断竞争定价的经济占比较高，经济质量相对较高。这与人们以往的感觉是一致的。

（三）附加值与交换价值的关系

当以附加值［更高的具体交换价值（有别于农业劳动创造的较低的具体交换价值，如农业个性化定制的异质价值）。因为本书不研究农业具体交换，因而凡简称具体交换价值时，都是指更高的具体交换价值。本书的具体交换价值，完全不指使用价值，它对应的使用价值是异质使用价值。同样，凡不加说明使用交换价值时，都是指抽象交换价值］为主导价值时，交换价值（抽象交换价值）就成为一种基础价值。二者性质有别，但相互依存、相互转化。从性质上讲，交换价值是工具理性价值，前提假设是经济人理性，对应的阶段是人的发展，对应的哲学概念是作为手段的人（通过把人作为手段，以实现人的目的）；而附加值是人的目的价值（即意义），前提假设是人的价值，对应的阶段是人的自我实现（自由而全面发展），对应的哲学概念是作为目的的人（"人是目的""以人为本"）。

交换价值与附加值，都可以转化为价格，前者构成均衡定价中的边际定价部分（主要决定均衡中的数量、规模），后者构成均衡定价中的溢价部分，或平均成本高出边际成本的部分（主要通过质的不同来决定价格）。没有交换价值，谈不上附加值（好比没有一楼就没有二楼）；没有附加值，交换价值可能也缺乏意义（如有钱却不快乐）。

交换价值和附加值同时作为交换价值（一种抽象、一种具体）时，可以把附加值理解为一种交换价值的溢价。不过，它们之间的实际关系是，附加值通过改变交换价值的价值"浓度"（这是托夫勒本人与我面谈时提出的概念。他认为，构成体验价值的时间的价值浓度要高于理性价值。相当于时间是相对于价值在涨缩的）的方式。也就是说，以改变创造价值的劳动时间的相对尺度（类似简单劳动与复杂劳动相对关系变化尺度）的方式，改变它们共同相对于交换价值的比例。类似于质量、创新、体验这三个方面构成附加值的因素，可以像货币通胀或紧缩那样，改变一般等价物的实际价值量。例如，从体验方面来说，钱与快乐的关系，在高收入条件下（生存发展需求得到满足后），为了获得同样的快乐，有人愿意付出比低收入的人更高的价钱，相当于在快乐面前，钱变得贬值了；从创新方面来说，钱与快乐的关系，在满足了生存需要之后，人们更看重工作能否发挥自己的创造性潜力，而相对宁可赚取少一点的工资。在扩展的费雪方程中，用 $MV=BH$ 定量这种关系。其中 B 是信息价值量，H 是信息价格水平，M 是货币价值量，V 是货币价格水平。

可以从均衡的角度更精确地刻画这种关系。设附加值为目标函数，交换价值为约束条件，一个经济的价格结构呈现这样的规律：如果附加值极大化，代表快乐最大化，或人的潜力释放最大化，而交换价值代表付出的代价，只有二者达到最优，人生才可以达到最优。这时人的假设已从经济理性最大化，即交换价值最大化，变为人的目的实现最大化。但是，这时的目的不是主观目的，而要与付出相权衡。如果假设交换价值最大化，而缺乏附加值约束、人的目的约束，就会出现有钱却不快乐的情况。

总之，在数字经济中，高附加值不是一种局部现象，而是涉及均衡与最优性质的全局性改变。长期以来，基于工业经济经验归纳所形成的经济学认为，同质性假定所限定的均衡是零利润的，包括高附加值在内的正利润，都是不可能长期稳定在均衡与最优水平的。数字经济学则揭示，高质量发展、创新驱动及体验美好生活，将使经济从物质循环流转，进入以人为本的新价值创造的轨道。数字技术在其中所起的作用，只是从生产力方面为体现数字价值的生产关系与生产方式提供赋能与支撑。

二、从工业经济价值中剥离潜在数字经济价值

在从增加值概念中剥离出附加值概念后，对数字经济内涵的讨论，开始从计量形式转向实质内容，即从工业经济的价值中，剥离出单独属于数字经济的价值来进行定性分析。具体来说，要从对应增加值的交换价值概念的历史性分析中，剥离出

对应附加值的、以差异化价值为特征的新价值。在此之前,后一种价值,是隐含于前一种概念(交换价值)之中的。例如,一件创新的产品,仍然是以交换价值定价的,只不过其中包含了一个溢价。

(一)从增加值概念中剥离出

"创造新价值"这个命题的内容具有历史性。每代人理解的新价值是不同的。在政治经济学中,这里的创造用"生产性"这个概念表示。在这个概念中,生产的实际意思是产生(产出),是相对转移而言的。不同时代,关于什么是生产性的,什么不是生产性的,认识不一样。实际争论的是,农业、工业与信息,什么是产出价值,什么是转移价值。争论的结果几乎完全取决于对生产方式的认识。

以生产方式立场决定何为生产性,在历史上有一个向来有效的定式,即旧生产方式的代表总是把旧生产方式的活动称为生产性的,认为它创造财富,而把新生产方式的活动说成是非生产性的,认为它只转移财富。而新生产方式的代表通通把新生产方式下的活动当作生产性的。不妨推断一下:重农学派说农业是生产性的,工业是非生产性的(这里看出生产的原本定义不是制造,而是产生);劳动价值论则认为,工业是生产性的,而服务是非生产性的。推论下来,数字经济应有的价值主张一目了然，即认为服务（包括信息活动）是生产性的。当然，新生产方式的代表承认以往生产方式下的活动也是生产性活动，只不过给出了价值的增量。

生产有两义，一义是制造，只有物质生产（制造与产品生产）属于生产；一义是产生，只要产生价值，都属于生产。按后一含义，制造只是产生价值的一种形式，即通过制造来创造价值。而前一义，是工业经济附加在价值论上的有局限性的判断，可能需要在研究数字经济时加以区别与剥离。生产性活动与非生产性活动的区分则更加强调后一义。从问题导向来看，这时的生产性活动是指创造价值，后者只是转移价值。问题会变成争论价值在总量上是否增加。如果能够证明服务等"非生产性"活动也可以使价值总量增加，则这种活动也可以被认为是"生产性"的。

从对工业经济价值的剥离中推理出数字经济价值，不是一个理论问题，而是一个实践性非常强的问题。可以从这样一个问题出发找到应有的问题意识，即服务业、服务化、服务经济为什么会从制造业、产业化和制造经济中发展出来？这就需要从价值本体上思考，从服务不创造价值，是非生产性的观念转向服务创造价值，是生产性的观念。

要从价值论上说明服务是生产性的，就要脱离服务创造价值的内涵，仅针对于"服务创造交换价值"这一工业经济的落后理念。要认识到，在服务活动包括知识活动创造的高附加值（AC-MC）背后，存在着一种不同于交换价值（但可以用AC-MC这一尺度折算为交换价值）的价值，这就是差异化、多样化、异质性的新价值。交换价值的本质是抽象价值，同质性价值；而服务价值的本质是具体价值（具体是指价值上的具体，而不是指使用价值上的具体），异质性价值。张伯伦早已指出并被经济学普遍接受的是，这种差异化的价值带来均衡水平上的AC-MC溢价。这不是用消费者主观上非理性地愿意为差异化付出高价可以解释的，而是差异化本身确实具有比加工制造更高的价值。因此，人类才会由制造业发展出服务业，而不是相反。

服务经济与数字经济从其经济本体，即从价值上说，是同一种经济，而不是两种经济，因为服务业与信息产业创造的，乃是同一种类型的价值，这种价值在本质上有别于加工、制造创造的价值（同质性价值）。服务因人而异的特性，说明服务"生产"出来的是差异化、多样化、异质性本身。制造业服务化的本质是在同质性价值之上附加差异化、多样化、异质性的新价值。在生产的环节上不断派生出设计、营销、售后等服务环节的过程，就是为不同的需求提供不同的解决方案的过程。以售后服务为例，每个用户不同的需求（要解决的不同问题）构成了服务的内容（对问题的解决），不是像制造那样，企业生产什么消费者就只能被动接受什么，而是消费者需要什么企业提供什么。虽然部分服务可以实现标准化，用机器来替代，但相对制造业来说，服务业与服务化在最终消费者环节是难以标准化、自动化的。

人们过去认为,服务经济是工业经济的一部分。从它们过去一度都以工业技术、工业生产力为基础来说,这种看法是有一定道理的。但是,按照价值本体来区分,服务经济在本质上更接近数字经济,而不是工业经济,而且一旦配备先进生产力(信息生产力、数据生产力),其就会成为现代服务业,肯定应将其归类为数字经济。

(二)交换价值的工业经济背景

1. 工业经济主导价值提出的制造、加工业背景

交换价值本身具有工业经济的特定价值含义,可以沿着"创造新价值"这条线索,剥离出不同于工业经济价值的新价值。不进行这样的分析,人们自然会认为,交换价值是一种通用的价值本体,既可用于工业经济,也可用于数字经济,且在此之外,不存在别的价值本体足以支撑起另一种经济。本书却认为,交换价值是在制造、加工业发展的大背景下提出的,因而不可避免地带有工业经济特有的印记,需要在研究数字经济时加以剥离。

斯密之后的劳动价值论是在制造业成为主导产业的特定趋势背景下提出的。这从斯密在《国富论》中论述财富创造的来源可以看出。《国富论》第一章所说的创造财富(价值)的分工,

从头到尾都是相对于农业分工的工业分工，举的例子也都是关于制造业的分工，如扣针制造的分工。他说："农业由于它的性质，不能有像制造业那样细密的分工。"因此，分工创造财富，实指制造创造财富，而农业代表自给自足。劳动价值论因此可视为制造价值论，它讨论的劳动不是农业经济中的劳动。李嘉图所说的地租，已是资本化的地租，不再是重农学派甚至配第所说的地租。

劳动价值论初起时的价值论定位是与农业经济在创造价值的经济总体来源上进行区别，争辩的是自然生产（农业所决定的农业经济）创造价值，还是制造生产（工业所决定的工业经济）创造价值。斯密之所以在重农学派之外另提交换价值，显然是为了辨别出一种不同于农业生产方式（自给自足）所创造的价值，是在为工业创造新价值提供理论根据。后世往往忽略了这种针对工业经济的特指性，在制造业占比已低于50%这一新背景下，仍将原有结论延伸到新的经济本体中，造成价值论的潜在冲突。如果把生产力决定生产关系这个历史因素纳入分析，就必须考虑到，将针对工业经济特定背景的立论平移到数字经济上来，需要根据不同经济本体所占比重的变化，对原有基本范畴与框架进行与时俱进的修正，形成以附加值为主导、以增加值为基础的新本体框架。为此，需要重新思考，把附加值扣除后，原来的加工、制造到底创造的是什么价值，这个价值与交换价值是什么关系。例如，要对知识价值论重新设问，除了肯定知识创造了包含一般使用价值和交换价值构成的增加值之外，还要确认知识创造出有别于加工、制造的附加值这种新价值。这是一个还没有被充分讨论的问题。

数字经济学出于区分的需要，将制造和加工创造的价值明确界定为同质性价值（以同质性价值作为交换价值的前提性本质）。这种同质性价值与农业经济、数字经济创造的价值相比，最大的不同在于它具有由机器生产决定的标准化，以及在应用上无差异化竞争这种同质性价值的特征。与之形成对照，数字经济总体的价值倾向是差异化、多样化、异质性的，它虽然在平台一级（包括中台）可以是标准化的，但在应用一级，一定是差异化的。

这样的价值剥离，在经济学史上是自然发生的。从交换价值中剥离出典型的工业经济价值形态之外的价值，在均衡理论上，首推张伯伦的《垄断竞争理论》。张伯伦发展了斯密分工理论中与分工专业化相对的分工多样化思路，并将分工多样化的价值本体，以垄断竞争均衡定价的形式加以系统化。张伯伦对价值进行差异化与无差异化区分的一个显著外在标志是把成本分成生产成本与销售成本，前者对应无差异化的制造活动，后者对应差异化的服务活动。在张伯伦提出差异化内生于均衡的构想（包括将张伯伦思想加以数学化的 D-S 模型）的时候，数字经济还没有萌芽，但这些学者在差异化、多样化、异质性的技术形成潮流之前，就触及了经济本体上的差异化、多样化、异质性这个问题。从数字经济的主导逻辑形成后的实践发展来看,张伯伦的理论最先揭示出数字经济价值本体的规律。正是张伯伦发现了差异化、多样化、异质性一旦内生,均衡价格会从 P=MC 移向 P=AC 这一规律。这个新均衡点的确定及相关规律的揭示,可以事后"追认"为数字经济价值本体的最初表述。也就是说,数字经济的界定是先有价值本体的确认,后有技术本位的表述。张伯伦本人只是不知道信息技术、数据技术发展会使差异化、多样化竞争成为一个被称为数字经济的新潮流的常态。在当前的数字经济实践中,张伯伦的理论具有很好的解释力。例如,数据产业化一旦发展为产业数据化,其经济本体中就会出现相应的制造业服务化现象。而服务化就是在经济本体上通过差异化增加附加值的过程。此外,互联网商业开始从打价格战转向品牌竞争、生态竞争的升级方向,也是在向差异化、多样化、异质性方向发展。在这一过程中出现产业内容化、情感化、体验化等"00后现象"也就容易解释了,它们都是差异化、多样化、异质性的表象。

经济学曾用同质性假定无意间照应了价值本体上的工业经济设定这一特点。新古典理论在做出这种假定后,就不再讨论价值论问题,向农业经济、数字经济关闭了价值论新范畴研究的大门。古典经济学(包括政治经济学与制度经济学)虽然在社会关系分析这一方法上坚持了异质性(即认为物质性的技术关系是同质的,而利益性的社会关系是异质的),但在对应的资源配置上，与新古典理论一样，隐含了同质性假定，甚至同质性完全竞争的假定（如假设要素从理论上说是自由流动的）。

2. 工业经济交换价值的来源：抽象劳动创造中间价值

马克思提出抽象劳动创造价值，无意中已是在提出一个工业经济的命题。这个命题，是以现代性理性，特别是现代性理性下的时间概念（牛顿时间）为理论前提的，是以一般等价物为市场标准中介为实践前提的。马克思并不是只有这样一种价值概念，因为他的哲学思想超越了启蒙理性。抽象劳动创造价值主要是工业资本主义商品经济使用的判断。离开了商品经济，如在人的自由而全面发展中，抽象劳动将复归非异化的劳动，价值的定义也会随之改变。这讨论的就是这种价值改变。

（三）数字经济与最终价值的互促关系

1. 从价值一般角度剥离新价值

广义来说，价值有意义的程度、社会"必要"的程度决定一般的价值量，即对象的合目的性程度。合目的性指的是手段与目的的关系，即手段是否符合目的以及符合程度。人的手段与目的之间的关系，构成一般价值的实质内容。从这个角度来看，使用价值、交换价值与意义价值（附加值）是手段与目的结合这种一般价值的三种特定方式（价值特殊，即一般价值的历史形式，由当时生产方式决定）。使用价值是质料的合目的性（物质功能上的有用性）；交换价值是对象化于货币的合目的性，是目的（剥离具体性后）的抽象存在；而意义价值（附加值）反映的是具体符号与目的（语意、意义）的吻合，是目的从抽象复归更高的具体性，即产品与服务合乎感性目的（情感是其外在表现）、符号契合感性意义（如是否快乐、幸福、美好）的程度。

把工业经济含义上的价值放在广义价值（价值一般）中考查可以看出，它只是所有价值中的一种特定价值，即中间价值。对工业经济来说，价值有意义的程度只是它作为工具和中介手段而有意义的程度。例如，有钱的程度决定了通过钱作为手段，在实现目的方面的能力高低，但并不保证最终目的是否能够实现，即有钱并不一定快乐。而数字经济以信息作为目的的中介，直接用于目的的实现。使目的从自在、自为状态，通过形诸符号、付诸参与等方式，变为自在自为的状态。这里把后一种价值，称为最终价值，即代表目的和意义的价值；而把交换价值称为中间价值，即作为实现最终价值手段的价值。

马克思研究价值是从具体到抽象，再从抽象到（更高的）具体。并没有以交换价值为终点，其上还有自主劳动价值，只是因为这种高于交换价值的价值超出了工业资本主义（雇佣劳动）的范围，才没有在《资本论》中重点谈论。现在，数字经济的实践跑到了政治经济学理论的前面，再不正视马克思的有关思想,不仅理论上说不过去,而且会在数字经济前沿实践上惨遭商业失败,阻碍经济高质量发展。

2. 从中间价值中剥离出最终价值因素

交换价值作为工业生产方式创造的一种新价值,其创造价值方式的变化在于由农业自给自足向工业迂回生产的转变,因而它具有中间价值("具体—抽象—更高具体"的中间站——抽象价值)这一鲜明特点。杨格后的经济思想中,出现了一种以物(产品)为参照系的中间产品论。将价值上"无差异化—差异化"的矛盾,转换为"最终产品价值—中间产品价值"。前者用完全竞争方法分析,后者用垄断竞争方法分析。以最终产品的无差异化价值指代工业经济价值本体;以中间产品的差异化价值,指代数字经济的价值本体。这样一种区分是技术关系分析而非社会关系分析。在数字经济的社会关系分析中,这种关系则反了过来。以人(而不是物、产品)为参照系,差异化价值才是最终价值,而无差异化价值反而是中间价值。这里的"最终"是指目的。以人为本,要求把人是目的而非手段置于价值讨论的出发点与归宿点。这里的"中间",是指工具与手段,是人实现目的的中间物。也就是说,手段的价值是中间价值,而目的的价值是最终价值。

交换价值是同质性价值在中介上的显现。内在于其中的是与特定生产方式相联系的价值。这种价值不是一般价值,而是特定的价值。货币经济替代实物经济，是这种价值成为经济主导的标志。由交换价值主导的货币经济并不是所有经济的常态，只是工业经济的常态。可以认为，交换价值是一种典型的工业经济概念。交换价值所指的价值，从价值一般角度来看，只是中间价值。而最终价值是人的目的（表现于对象是对象的意义）的价值。

通过信息、数据符号表达的意义所具有的价值，是数字经济提供的有别于一般交换价值的价值。在数字经济中，与意义表达有关的内容、情感等一旦附加在产品上，就具有增值效果，背后是最终价值决定中间价值这一规律在起作用。工业经济越向数字经济转型，经济本体的主导权就越由中间价值转向最终价值。

数字经济可能会像发现交换价值一样，发现一种独立于工业经济主体所创造的新价值，反映"知本家"创造的价值。这种可能不是不存在。这时，交换价值的位置，很可能如同当年的使用价值一样，被当作一种参照系，纳入新的价值体系。从"农业（使用价值）—工业（交换价值）"的价值复合体，发展为"农业—工业—信息"的价值复合体。

3. 更高的具体劳动创造附加值

马克思只是在分析工业资本主义（工业经济）时，采用了"使用价值—价值（交换价值）"的理论范畴，然而马克思的观点超越斯密交换价值论的地方在于，马克思还拥有以"人的自由而全面发展"为参照系的关于一般价值的主张。相对于一般价值，交换价值只是特殊价值，是一般价值的中间站。在交换价值之上，还另有新的价值存在。这一点可以从马克思价值来源理论——关于劳动的理论上判断出来，因为马克思在具体劳动、抽象劳动概念之上，还提出了自主劳动的概念。自然可以推论，在使用价值与交换价值之上，另有新的价值存在。这就需要结合数字经济研究自主劳动对应什么价值，与附加值是什么关系。进而了解当前数字经济中兴起的灵活就业、副业创新、合伙制等现象，以及在冲破雇佣制的边界中形成的活劳动分成现象背后对应的新价值、新剩余的本质。

抽象劳动对应的价值权利，背后是一种特定的交换关系，即劳动力被当作商品进行交换而发生的权利交换关系。但这种权利不能覆盖"人是目的"这个价值一般标准下人的所有基本经济权利。例如，创造性就不在这种交换的范围内。创造只能"亲自"（Access）发生，因而它与主权一样是不可转让的。权利要变成可交换的，一定具有卢梭所说的某种可以转让、委托出去的权利特征，也就是非亲自性、非参与性。这就与数字经济的实践大相径庭了。在数字经济中，社会关系包括感性的私人关系，如社交关系，都具有亲力亲为的特点，难以让中间人代理。以个性化、创新为代表的异质性的具体劳动也创造价值，而且是亲自进行的附加值创造。如果非要给数字经济创造财富的核心词 Access 下个定义，最合适的就是《国际歌》中的这句，"要创造人类的幸福，全靠我们自己"，将最终价值与亲自的关系，表达得淋漓尽致。

抽象出以合目的为核心的一般价值之后，可以从一般交换价值中剥离出新价值，与数字经济中"新人类"的价值取向（最典型如"00后"的取向）十分相近。一定是从一般交换价值中，将与意义表征中介——如话语（网络文学），图像（如品牌形象、明星颜值），音频（如音乐），视频（如直播）等非一般等价符号对应的价值独立出来，给予特别溢价的过程。人们在表达情感、获得体验的内容中产生幸福、快乐的最终价值。交换价值（增加值）与这种新价值（附加值）之间的关系，好比"60后"的价值与"00后"的价值，前者难有条件重视生活品质，主要追求中间价值（如房、车）；后者更加重视生活质量，更多追求最终价值（常被误解为主观心理需求，实际是向往"美好生活"的客观需求）。二者之间的价值认同之差，就是有钱（喻中间价值）与快乐（喻最终价值）之间的价差，即 AC-MC，是无差异化、低质量经济与差异化、高质量经济的价值差。

因此，信息的价值既包含交换价值，也就是换取目的实现能力的高低，如作品中包含的作家付出的"苦劳"（标准劳动时间，以完成的任务决定，如交差了一件晚会歌曲作品，但不一定流行），也包含目的价值，由目的本身价值的高低来直接决定。例如，好的作品与差的作品，依据它是否有意义，意义的大小来决定其自然具有的价值；又如在作品中，反映的是作家的"功劳"（自由劳动时间，如才华；任务完成的质量，如成为流行作品）。

三、数字经济创造的新价值及价值来源

从数字经济价值本体的实质方面来说，向附加值这个形式的"容器"中灌注的新内容，就是数字经济价值本体的价值内涵。下面分别从技术关系与社会关系两个方面来分析数字经济价值本体的实质。首先，数字经济创造的新价值与创新的价值具有相同的实质，是同一种价值，即创造性价值；其次，数字经济创造的新价值，正是马克思当年预言会在工业资本主义之后出现，但受当时信息生产力的限制没有出现而无缘观察到的那种扬弃交换价值的自主劳动价值。

（一）数字经济的价值客体：被创造的新价值

数字经济创造的价值中不同于工业经济的那一部分，实际是一般价值中的最终价值这个子集（以人为本的"本"，对应这里的"最终"）。它以附加值的形式加入交换价值中，形成抽象交换价值与具体交换价值（即附加值）的混合定价（即垄断竞争均衡定价）。在数字经济中，最终价值第一次找到了属于自己

的中介形式，这就是信息、知识、数据。

信息、知识、数据本身作为符号，只是价值中介。而对应的价值实体有两种，一种是它的工业经济价值实体，即信息、知识、数据本身以符号形式作为商品而具有的交换价值（中间价值）；一种是它的数字经济价值实体，即信息、知识、数据这些能指符号的所指，即内容具有的主体价值［内容的客体价值仍是交换价值（内容可以卖钱），它的主体价值是意义（好内容可以增值）］。二者有一个明显分界，前者可以用于知识产权（一种产品规则）封闭保护；后者却适用于服务规则（如 SaaS、DaaS）开放保护。数字经济创造的价值是一种差异化、多样化、异质性的新价值，而且它的具体价值部分必须与最终的主体（用户）结合（相当于对文本的再阐释）才能最终确定其语境化的一对一价值。

1. 创新价值：新质使用价值与高附加值

创新与数字经济的经济本体是同一个。不指出这一点，人们一般会认为，创新带来一种价值，数字经济又带来另外的价值，而没有发现二者之间的内在联系。创新的价值，也就是通过创新活动创造出的不同于同质性的交换价值，但可以在交换价值之上带来增值（AC–MC）的那种新价值，是异质性价值广泛存在的一种现实形式。创新理论经常误读熊彼特理论，以为创新价值是创造活动带来的交换价值，其实这仍然是从斯密的工业经济视角理解价值。这样理解创新价值，会与马歇尔的均衡条件理论（在完全竞争 MR=MC 时利润归零）矛盾，这不是熊彼特的原意。熊彼特谈的新价值是在均衡点具有正利润的价值。

（1）熊彼特创新与创造新价值

按照熊彼特的观点，所谓"创新"就是"建立一种新的生产函数"，也就是说，把一种从来没有过的关于生产要素和生产条件的"新组合"引入生产体系。在熊彼特看来，作为资本主义"灵魂"的"企业家"的职能就是实现"创新"，引进"新组合"。熊彼特认为，生产本身不创造价值，只有创新创造价值；重农学派所认为的价值增加无非是物质的增加，并非真正的价值增加。同时，对物质投入的生产，熊彼特也认为不增加价值。这就与斯密的价值观产生了鲜明的冲突。

创新是典型的"创造新价值"。这个新价值已不是斯密、李嘉图那种物质循环流转意义上的交换价值。创新所创造出的新价值，可以用交换价值折算（溢价）和表现，但不能简单理解为交换价值，尤其是与物质的循环流转不加以区分的交换价值。从这个角度看，信息技术产业创造的价值为创造差异化、多样化、异质性的新价值提供了提高多样化效率的生产力工具，称之为赋能产业。信息技术产业提供的计算机、网络技术，当然也可以不用于创新，如仅仅用来当打字机。但高度的市场竞争会使这种不用信息技术所长、专用其所短的企业,在长期博弈后逐渐被更适用新生产力工具并利用其进行转型的企业所淘汰。

(2)政治经济学中的相对剩余价值与创新劳动价值

马克思在谈相对剩余价值特征时指出:"生产相对剩余价值,即以提高和发展生产力为基础来生产剩余价值,要求生产出新的消费,要求在流通内部扩大消费范围,就像以前(在生产绝对剩余价值时)扩大生产范围一样。第一,要求扩大现有的消费量;第二,要求把现有的消费量推广到更大的范围,以便造成新的需要;第三,要求生产出新的需要,发现和创造出新的使用价值。换句话说,这种情况就是获得的剩余劳动不单纯是量上的剩余,同时劳动的质的差别范围不断扩大,越来越多样化,本身越来越分化,这与数字经济的价值本体特征高度一致。"

现代政治经济学开始从创新的角度解读马克思的上述思想,认识到技术创新与管理创新(我认为应扩大为市场创新,甚至社会创新,如人文创新,以涵盖模式创新、文娱创新等)可以增加相对剩余价值。进一步说,应该是从劳动角度认识这种新价值的来源,把创新的价值,理解为创新劳动价值。创新这种劳动就是创造性劳动,其主要特征有三方面:一是可以在使用价值方面创造新的质,而非只是机械化重复同样的质。这里的创造也是劳动创造价值所指的"创造",既有联系也有区别。在异化劳动中,也可以说劳动创造价值,但这个创造只是带来、生产的意思，并不是创新意义上的创造。区别就在于创造性劳动带来、生产的是异质品（"新质使用价值"），劳动创造价值中的"创造"带来、生产的是同质品。二是具有"超常价值"，所谓超常价值不同于超额利润，只能是异质价值折算为同质价值（交换价值）时高出来的附加值部分（常附加值区间 AC-MC）。超额利润是高于 AC 的部分，是个别利润，不能在均衡水平持续存在。三是具有自主劳动的意义，创新劳动价值是劳动者的创造性潜力在其自主掌握生产条件下的释放。创造性劳动具有交换价值之上的意义，在于人的解放，释放人的自由而全面发展的潜能，这是其意义价值所在。这种意义价值不一定在商品价值层面体现，如果"折算"回商品价值，其量值等于"超常价值"。这是我的观点不同于赵培兴创新劳动价值论的地方。

现代政治经济学中另一种值得重视的观点认为，"简单劳动与技术进步的乘积即复杂劳动"。可以用这个倍数，解释附加值的来源与尺度。在这里，简单劳动对应增加值，复杂劳动对应附加值（"超常价值"），创造性劳动等于在简单劳动之上创造出某个倍数的价值附加。在数字经济的现实中，创造性劳动不再是个人行为，而是社会经济行为。例如，"双创"（创新、创业）就是一种具有自由萌芽而全面发展特征的实践活动。应特别关注的是非雇佣类型的活劳动（如合伙制、APPs），可以通过分成分享到高比例剩余价值（按中美两国当前市场行情，最高可达收入总量的 85%）。

2. 服务价值：实证形态的差异化、多样化、异质性的新价值

如果说，交换价值是斯密针对制造活动的价值提炼，那么服务价值可以说是另一种价值，需要有不同于交换价值的尺度来衡量与把握。服务的生产性应从服务创造附加值的角度加以理解。例如，制造业服务化中，服务是为制造附加的一个价值增量，就是高于边际成本定价之上的增量。服务价值概念在理论经济学中的前身是张伯伦所说的销售成本。张伯伦把成本分为无差异化成本与差异化成本，前者由生产成本代表，对应制造活动的成本；后者由销售成本代表，对应服务活动的成本。晚期在与罗宾逊夫人的争论中，张伯伦明确了差异化价值，其实质就是异质性价值。

如今，在服务经济学中，人们已经形成普遍共识："服务具有异质性。"各种实证研究表明，服务相对制造存在一个附加值，由于这个附加值（本质上是 AC-MC）的存在，出现了服务业增长之谜。似乎服务相对于制造具有一个偏离生产率的溢价。张伯伦较早在理论经济学中将这一问题归结为生产成本与销售成本的差别。生产成本就是制造的成本，销售成本是服务的成本，二者的差值等于 AC-MC，这就是垄断竞争理论产生的动因之一。在这里，服务价值带来的这个均衡水平上的溢价，被归因于差异化、多样化与异质性。

与此相对的是，制造业的同质性色彩更浓。经济中的无差

异化、非多样化、同质性趋向，与均衡点趋向零经济利润之点，完全是同一个原理。因此，制造业要产生附加值（正经济利润），就一定要推动制造业服务化。这里的服务化，实际就是（像服务业那样）差异化、多样化、异质性（以便从中增值）的意思。这与斯密的思想，尤其是分工多样化的思想是一脉相承的。斯密（包括马克思）没有重点研究服务的价值，不等于不承认这种价值，而是他们都曾明确声明，不重点讨论服务是因为与制造相比，服务在那个时代占比较低。这个理由现在已不存在。工业化基本完成之后，人类的服务价值占比普遍都超过制造价值，作为最后一个例外，中国经济在最近几年，服务业的比重也终于超过了制造业。因此，重新认识价值本体的工作就自然被提到议事日程上来。

专于提高多样化效率的信息技术最匹配、最适合加强的经济，恰恰是以差异化、多样化、异质性为价值本体的经济。从这个意义上来说，服务（体验）活动与数字经济的价值本体是同一个。因为它们共享差异化、多样化、异质性的新价值这个相同的本质。这一点与创新同理，不过创新与体验分别代表了差异化供给与差异化需求两个侧面。数字经济则是将供求两方面合在一起的差异化经济，是高质量发展的经济。

在美国，较早意识到服务与数字经济的价值本体相一致的经济学家首推 Triplett 和 Bosworth。他们提出，"在美国，信息技术革命都是一个服务业的故事"。在中国，最早认识到这一点的是吴敬琏先生。他提出,"ICT革命是一个'服务业的故事'"。离开了价值本体进行观察,很容易将信息产业与服务业的兴起,当作并行的独立事件。但是,了解了它们拥有共同的价值本体后就可能得出另外一种结论:不是先有信息技术产业,后有其经济,而是先有其经济,后来才产生了把信息技术加以产业化的旺盛需求。由此可知,产业数字化在价值本体上对应的是产业差异化,之所以提数字,是因为数字技术与这种价值本体最为匹配。反过来理解,数字产业化可以理解为信息技术与数据技术这种令差异化成本降低、多样化效率提高的技术,由于经济发展(具体来说是服务业、服务化发展)日益依赖降低差异化成本、提高多样化效率,因而对赋能工具产生了大量需求,以致需要供给这种工具与能力的产业成为高速增长的新兴产业,客观目的是满足各行各业的增值需求。

(二)创造新价值的主体与来源:有意义的创造性劳动

数字经济中新价值本体的来源是创造性劳动。无论是创新还是体验,离开了自主性(目的在自身而不在老板或别人)是不可能实现的。有意义的创造性劳动是创新的价值来源。这里的"有意义"是指符合自身目的,即自主。从事自主劳动的主体不是劳动力,而是劳动者。对数字经济进行劳动价值分析,可以从两个角度入手:一是劳动价值的资源配置(技术关系)

视角，显示的是价值的对象化客体；二是劳动价值的利益分配（社会关系）视角，显示的是价值的主体来源。从前一个视角看到的新价值是异质性价值，可以通过资源配置的均衡价格，差异化、多样化引起的平均值偏离边际值的程度，直接实证地观察到；从后一个视角看到的劳动价值，则要区分劳动是雇佣劳动（劳动力）还是自主劳动（劳动者），是否可从创新中得到分成激励。劳动是否自主，取决于劳动的目的，如果目的由老板决定，则创新对自己而言是无意义的；如果目的在自身（如在零工经济、灵活就业、副业创新之中），即为有意义的创造性劳动。

非创造性劳动创造价值，创造的是同质性价值，其剩余是同质性价值的增量（增加值）；而创造性劳动创造价值，创造的是非同质性价值，因新质的出现而增值，增加的是异质性价值的增量（附加值）。创造性劳动取代雇佣劳动的主导地位需要生产力、生产关系和生产方式三个方面的条件。从数字经济实践来看，首先，生产力的关键性改变在于技术的通用性，引发作为生产力关键要素的资产通用性的出现，技术、资产与劳动的数字化，改变了生产力这一动力系统；其次，生产关系的关键性改变在于拥有权与使用权两权分离，这提供了"感性的占有"的实现条件，降低了活劳动参与创新、创造的生产资料进入门槛，创造了一次分配公平的机会；最后，生产方式的关键性改变在于，小批量、多品种的信息生产方式，通过"平台—增值"

的新业态、新模式，激活了以 APP 为代表的差异化、多样化、异质性的新价值创造，由于风险从资本集中承担转向由活劳动分散承担，而活劳动从中享有与高风险对应的高收益即多样性红利（创新红利），完成了剩余的转移，这进一步使自主劳动的分配成为现实可能。

四、结语

本章论述了数字经济的价值本体在于以差异化、多样化、异质性的新价值为内涵的附加价值，并将其与以无差异化、非多样化、同质性的价值为内涵的增加值区分开来，创造这种新价值的经济是创新驱动与体验牵引的高质量发展经济。将数字经济与高质量发展、创新驱动包括服务经济的发展，视为经济学价值论上可一体化看待的研究对象。不以技术定义经济，不等于认为信息技术与数字经济没有关系。生产力决定生产关系，技术在生产力中则是决定性的因素。本章按效率取向将技术分为两类：非多样化技术为结构化技术，多为专用性技术，以专业化效率见长；多样化技术为非结构化技术，以大数据技术为代表，多为通用性技术（又称通用目的技术），以多样化效率见长。

数字经济与工业经济的比较如表 1-1 所示。在典型工业经济与典型数字经济之间，存在前信息模式（时间在前，中国略为滞后)、后工业模式(时间在后)这样两种过渡形态,第一种即"多样性技术+非多样性价值"这一技术经济组合(后工业经济模式),是工业经济在数字经济时代中延续性的存在,按"基于信息技术的经济"这一定义来划分,属于数字经济;第二种是把服务经济作为数字经济的前身("前"数字经济模式,无信息技术之形而有多样性价值之实的经济),是数字经济对应的价值需求在工业经济时代还没有得到信息技术支持时的潜在形态。它们都属于工业化、信息化融合的模式,可以纳入过渡形态,作为工业经济与数字经济各自典型形态的一种补充。为统计方便,也可将"信息技术+工业经济"形态归入数字产业化,以信息技术产业产值计入数字经济;而将"工业技术+数字经济"形态,按产值现有归属先排除在产业数字化分类之外,归入工业经济,待技术改造完成后再纳入数字经济。

表 1-1 数字经济与工业经济的比较:从技术到价值本体

价值本体	工业经济		数字经济	
经济形态	典型工业经济	两化融合后工业模式	两化融合前信息模式	典型数字经济
"技术+经济"结合模式	非多样性技术+非多样性价值	多样性技术+非多样性价值	非多样性技术+多样性价值	多样性技术+多样性价值
生产力主要基础	工业技术	信息技术	工业技术	信息技术
技术要素特征	非多样化效率	多样化效率	非多样化效率	多样化效率

续表

价值本体	工业经济		数字经济	
价值构成	使用价值+交换价值	使用价值+交换价值	使用价值+交换价值+附加价值	使用价值+交换价值+附加价值
相对旧方式创造的新价值	交换价值	交换价值	附加价值	附加价值
均衡点	P=MC	P=MC	P=AC（非最优）	P=AC（广义最优）
对应价值来源	抽象劳动	抽象劳动	人工差异化劳动	智能创造性劳动
对应经济类型	高成本数理（规模）导向	低成本数理（规模）导向	高成本质量、创新、体验导向	低成本质量、创新、体验导向
对应经验形态	传统规模经济（如传统制造业、农业产业化）	信息化应用（如团购、工业4.0）	"前"数字经济、传统范围经济（如专利、品牌经济）	信息化转型（如制造业服务化、现代服务业）

服务经济这种"前"数字经济的存在说明数字经济并不是与历史脱离、从天而降的，恰恰是从工业经济内部生成演化出来的。"从工业经济内部"是指，在分工专业化与分工多样化的矛盾、专业化技术与多样化技术的矛盾、同质性价值与异质性价值的矛盾中，后者从矛盾的次要方面上升为主要方面。一旦分工多样化、技术多样化、价值异质性成为主导，经济的性质就会从工业经济转化为数字经济。此前人们非常容易误用后工业模式为数字经济的主要内涵，这是可以理解的，因为中国经济中差异化价值本体的比重（按服务业在GDP占比）超过无差

异化价值为主的制造业占比的时间还较短,此前人们日常接触的经验事实更多的是旧的价值,对数字经济不免形成"洋务运动"式(技术改变,本体未变)的判断。中国工业化的任务到2020年基本完成,服务业占比超过农业、制造业,这为认识附加值这种新价值,特别是确立它在数字经济价值构成中的主导地位,提供了水到渠成的历史契机。

最后需要澄清一个误解。旧经济理念排拒新经济理念有一个特别常见的方式,就是污称"新经济只要新产品,不要旧产品"。例如,用这种方式咒骂工业经济,说它"只吃钢铁,不吃粮食",恶意掩盖了工业经济中农业产值的绝对值比农业经济更高的事实。同样,咒骂数字经济等虚拟经济,说它"只吃数据,不吃钢铁和粮食",对数字经济中工农业产值的绝对值比工业经济更高的事实视而不见。实际上,工业革命、信息革命前后出现的真正变化,是新价值本体占比的增加,以及旧价值本体占比的下降(如农业产值占比下降到10%以下,工业产值占比下降到40%以下)。"发展数字经济就是不要钢铁、不要粮食",这是一种情绪化的说法,完全站不住脚。事实正好相反,数字经济发展的一个先决条件,就是要让制造业产值的绝对值远超工业经济,让农业产值远超农业经济。

由本书的研究派生出一个政策上的新问题:同样是推动信息或数据技术与经济相结合,在目标远景中,到底是以增加值为主导取向,还是以附加值为主导取向?这变成了一个决定高质量发展性质的重要问题。处理好二者关系，事关数字经济可持续健康发展。如果选择"数字化为主导，工业化为基础"的原则，建议采取以"附加值为主导，增加值为基础"的政策取向。预期的收效是在同样 GDP 条件下，在信息技术革命助力下，令高附加值部分（如服务化所创造价值）在结构占比上超过增加值占比（如产业化所创造价值），以此作为经济高质量发展的定量标志。

第二节　使用是检验价值的唯一标准
——从中国式现代化道路选择看数据基础制度建设

《中共中央、国务院关于构建数据基础制度更好发挥数据要素作用的意见》（2022 年 12 月 2 日）（以下简称"数据二十条"）指出，数据作为新型生产要素，是数字化、网络化、智能化的基础，已快速融入生产、分配、流通、消费和社会服务管理等各环节，深刻改变着生产方式、生活方式和社会治理方式。数据基础制度建设事关国家发展和安全大局。"数据二十条"提出，要建立数据产权制度，推进公共数据、企业数据、个人数据分类分级确权授权使用，建立数据资源持有权、数据加工使用权、数据产品经营权等分置的产权运行机制，健全数据要素权益保护制度。

一、建设数据基础制度事关国家发展和安全大局，具有重大历史意义

建设数据基础制度事关国家发展和安全大局，这个大局是数据成为新型生产要素后，对现代化道路走向的影响，是选择中国式现代化道路，还是选择西方式现代化道路来应对数字化新的历史进程。面对这个大局，如果不能走出一条自己的路，数字强国就无法实现，数字经济大而不强、强而不优的问题就无法解决。

工业基础制度的建立，曾在世界范围内决定了"领先—落后"（发达国家—发展中国家）这种世界格局上的"大局"。上一次现代化中，西方国家发展和安全的大局，是由西方式现代化制度加以保障的。

西方国家能够成为工业时代的发达国家，很大程度上是从资本要素替代土地要素主导地位的一开始，就致力于建立与农业社会、农业经济不同的工业生产要素（土地、资本和劳动）的基础制度（包括市场制度、产权制度等）。由于这种制度创新尊重与顺应了工业生产要素的规律，从而解放和发展了工业生产力。

今天，人类在整体上基本完成工业化任务，进入数字化时代之后，现代化的标准提高到一个新的水平。从俄乌战争冲突中，我们已经可以感知未来国家间竞争的制高点，正从基于工业生产要素与传统工业体系的实体力量，如坦克、大炮（虽然它只起着

基础性作用，但是很重要），转向代表新型生产要素——以数据制导为标志——的精准打击力量，如卫星与通信支持下的空天一体力量。数据正在给实体武器安上眼睛与智能。发现即毁灭，成为新的战斗力。

未来的发达国家不仅要在工业化上领先，而且在数字化上也不能落后。像中国这样的国家，如果只是在工业化上追赶上国际先进水平，但在数字化上落后，将不可避免在下一轮以争夺数据制高点为标志的现代化中，陷入挨打甚至是被霸凌的被动局面。

当前，中国和西方在数字化上，处在同一起跑线上，同时面临着数据生产力初步发展起来之后，如何建立、建立什么样的新型生产要素的基础制度问题。谁解决得好，谁就能够更快更好地解放与发展数据生产力，同时把国家发展和安全大局牢牢把握在自己手中；相反，谁在基础制度上有所闪失，就会在脱钩中脱轨，进而失去对国家发展和安全大局的掌控。

从非常现实的角度说，中美竞争要发挥各自比较优势。中国的比较优势中，市场优势是一张重要王牌。"数据二十条"提出加快构建数据基础制度，可以"充分发挥我国海量数据规模和丰富应用场景优势，激活数据要素潜能，做强做优做大数字经济，增强经济发展新动能，构筑国家竞争新优势"。

中国在此历史关头，主动提出"构建数据基础制度更好发挥数据要素作用"的历史性议题，可以说第一次领先于西方，在"农业生产要素—工业生产要素—数据生产要素"这一顶级高度上,对现代化道路开始独立思考。这是自明代以来,中华民族不曾有过的自信之举。

明清时代是西方式现代化的起步时代。明朝建立之前20年,但丁的《神曲》与薄伽丘的《十日谈》(意大利近代评论家桑克提斯曾把薄伽丘的《十日谈》与但丁的《神曲》并列,称为"人曲")先后问世,拉开了文艺复兴的序幕。从今天的观点看,西方式现代化是人类对工业生产要素加以体系化、制度化的结果。

中国在探索数据基础制度时,与工业化时代不同,前面已经没有老师。西方式现代化面对数据这样的新型生产要素,也面临着不适应。不适应的一个最突出的表现,是总想用适合实物资本的物权制度理念,往不同于实物的数据资产上硬套。微软就是一个典型,其对知识的制度想象力,仍然建立在保护有长、宽、高与重量的实物产权制度的基础上,按拥有来收费,背后理念是把拥有价值当作使用的标准。因为微软无法真正理解云计算、大数据为什么要按使用收费,所以一学就走样(学成拥有收一次费,使用收一次费)。数据背后与实物不同的逻辑在于"使用而非拥有",也就是以使用为检验价值的唯一标准。SaaS、PaaS、IaaS、DaaS 的实践已经证明,数字经济有其自身在基础制度上的规律。

西方现代化在工业生产要素的基础制度上太成功了,容易为其所累,拿着知识当铁块来设计产权。这时的中国就面对一个与秦汉、唐宋时期同样的局面:没有人当老师,敢不敢走自己的路,并且有没有信心让这种新创设出的制度符合全球未来的数字经济发展规律(甚至比西方式的制度设计更符合这种规律),为深化创新驱动、推动高质量发展、推进国家治理体系和治理能力现代化提供有力支撑。

认真体会"数据二十条"就会发现,中国在关键问题上,已产生了完全不同于西方的关于现代化的制度想象力。这就是淡化所有权,强调使用权的三权分置思想。这并不像有的教授所认为的那样,之所以淡化所有权,是因为现在条件不具备,先这么凑合着,等时机成熟,还是要回到西方的制度设计路子(或他们以为的更"普适"的路子)上来。为此,我们需要进一步体会:中国为什么在新型生产要素这个关键点上,开始选择一条不同于西方现代化的制度设计路线,其探索中国式现代化道路的根据是什么。

二、背景:中西现代化在数据要素上的制度选择可能不同

(一)中国比美国超前思考新型生产要素的制度问题

数据基础制度的核心是与数据要素市场化相配套的产权制

度。长期以来，在西方式现代化语境的笼罩下，我国在产权理论与产权制度的选择上，受到西方工业化成功的心理暗示，不自觉地产生以西方为中心审视基础理论与基础制度的习惯，而忽略了在基础理论与基础制度上，有可能存在中国式经验与范式的问题。如果生产要素仍是以实物为主，西方式现代化的产权理论与产权制度确实值得借鉴。但对于第一次遇到的新型生产要素，西方人也需要重新思考。例如，在硅谷，人们对知识的产权问题的思考与美国绝大多数地方的思考有很大不同，多持产权开放态度。这是因为硅谷人距离先进生产力更近，对先进生产力发展的感受更深。由于美国经济学的重镇大多远离硅谷，除了媒体对开放的商业模式（如共享经济）比较敏感，理论与政策的主流与前沿实践相比，仍有相当差距。他们对于先进生产力发展的要求，对构建新型生产要素基本制度的要求也不甚了了。这时中国人像高科技前沿一样，想抄也失去了抄的目标。中国不能停下来等全美国都理解了硅谷，再去抄人家的。这相当于英国在工业化进程上与荷兰、西班牙、法国并行，甚至局部反超后，没必要再去炒布阿吉尔贝尔或魁奈的"剩饭"。必须从现在开始，就为中国式现代化做新型生产要素的理论建设与制度建设的打算。

将数据基础制度中敢为人先的核心问题提炼出来，就是在"所有权与使用权合一"（以所有权为核心）与"所有权与使用权分离"（以使用权为核心）之间进行新的制度经济选择。前者代表工业化经验的现代产权制度的特点，在工业化中已被反复证明是有效的。后者则代表了中美数字经济实践前沿趋势所在（里夫金在2000年《使用权时代》一书中最先指出这一趋势），对数字化来说至关重要。"数据二十条"明确选择了后者，而美国主流学界、政界至今没有将里夫金的判断视为主流。对中国式现代化来说，中国人自1840年之后，第一次出现学成"毕业"的前兆，比过去的老师更先探索一步。

（二）中国可以基于历史发展独立进行制度选择

中国在数据基础制度上开始独立于西方进行思考不是偶然的。中国数字经济的实践在世界上较为先发甚至局部领先，除了理论和政策有实践经验作参照外，还与中国历史包括中国共产党的历史存在某种内在联系，不指出来，人们一般很难察觉到。

中国从周代（井田制）到清代（永佃制）再到新时期的农村改革（家庭联产承包责任制），有一个不同于世界各国的特点，可称"中国特色"，即"所有权与使用权分离，以使用权为产权重心"。它与西方各国——特别是自《拿破仑法典》以来的西方式现代化国家（无论是资本主义的西方还是社会主义的苏联和东欧）——的"所有权与使用权合一，以所有权为产权重心"的产权选择差异极大（只有英国土地制度局部地接近中国这种特色)。

与此相应,中国历史上的产权改革有一个"奇怪"规律:所有在和平时期改变所有权的改革,一律失败(如王莽新政)而且短命(往往人亡政息);而在和平时期改变使用权的改革,往往非常成功(如清朝的土地改革)。

中国——最初通过苏联,后来受美国影响——接受西方式现代化产权理念,开始重视所有权,并把所有权置于产权中心(无论姓公姓私)。而苏联与美欧虽然所有制相反,但在所有权中心论上一致,因为它们有一个共同特点,都是处在工业化(现代性)这个总的现代化阶段之内。强调所有权都与工业化(制造业)生产要素主要是物质生产要素处于社会生产中心有关。工业经济的历史发展给人们的观念——包括经济学基础理念——打上的烙印是,以价值为检验使用的唯一标准。这是因为工业经济以使用价值为手段,追求的是交换价值。

中国在2020年基本完成工业化任务的背景下,来到一个与苏联、美欧不同的现代化阶段,因此有中国式现代化这一新选项。

数字经济是农业经济的否定之否定——工业革命对农业经济构成第一重否定,信息革命对工业经济构成第二重否定。在数字经济与农业经济之间,具有一种双重否定之后的肯定关系(哲学上称为"螺旋式上升")。例如,农业经济在家办公,数字经济在更高水平(工业实现水平),由在家办公变为远程办公;

农业经济个性化定制，数字经济在更高水平（大规模制造水平），由个性化定制变为大规模定制。

产权也具有这种类似"隔代遗传"的规律。所有权与使用权分离，本是农业经济的一般规律。例如，古罗马法与中国农业产权制度都是两权分离的。西方式现代化打破两权分离，开始以两权合一为一般规律（起点是法国大革命《拿破仑法典》，终点是数字化中共享经济兴起），顺应的是工业经济以物质生产要素为中心这一现实。我们不能认为两权合一是"错"的，从长期历史观点看，它的正确程度，可以说与制造业占比的程度是同步变化的。但从历史发展角度，也不能得出制造业的物质生产要素永远是经济中心的结论，而要顺应数据成为新型生产要素后带来的变化。如果跳出基于制造业成功经验的西方式现代化的理念，摸索数字经济的新的产权规律，可以用"隔代遗传"作为线索寻找不同的理念。我们把这种理念概括在"使用是检验价值的唯一标准"这个命题里面。

（三）从使用与价值关系切入数据基础制度独立思考

提出"使用是检验价值的唯一标准"是为了纠"价值是检验使用的唯一标准"的偏。直接的现实针对性是"有数据，但是不用"这种现象的广泛存在。数据上的"有"与"用"的矛盾突出表现在，许多机构、许多人把数据据为己有（单位或个人所有），然后把着数据不放，自己不用，也不让别人用，不让社会用。这严重影响了数据作为新型生产要素作用的发挥。"数据二十条"强调淡化所有权、强化使用权，一是为了促进数据生产力发展，其明确提出"充分实现数据要素价值"。价值与价值的实现（充分实现）是不同的，没有实现的价值，只能是潜在的价值；数据只有在使用中，其价值才能充分实现。二是为了使生产关系适应生产力发展。如其提出的"在实践中完善，在探索中发展，促进形成与数字生产力相适应的新型生产关系"。

1. 生态学马克思主义的思考

单纯从逻辑的角度讲，使用与价值、使用权与所有权是对立统一的一体两面。但任何逻辑都有它的历史背景，任何矛盾都有其主次之分。工业化这次由西方主导的现代化，本质上就具有价值主导使用的特征。一旦走向极端，就变成为价值而价值（为生产而生产），把使用当作获取价值的手段，而忽略了使用才是生产的真正目的。落在当前的现实就是，本来数据的使用才是目的，如果基础制度设计不当，又会回到西方式现代化那种为了价值和价值增值这一手段而忘记目的。结果采集、拥有了一大堆数据，开始坐地起价，甚至加杠杆炒作；到用的时候，左卡右卡，对数据使用进行垄断，导致数据不能得到充分利用。

只有在工业化条件下，特别是在工业资本主义条件下，才会存在使用价值从属于交换价值，具体劳动从属于抽象劳动的现象。如奥康纳所说："在资本主义社会中，使用价值是服从于交换价值的（生产的目的是利润，而不是使用）。"工业化条件下，尤其是资本主义生产关系下，追求利润是在为生产而生产，把生产这个手段当作生产目的；相反，满足需求这个生产目的，反而成了生产的手段。前者是生产异化（劳动异化），后者是需求异化。或如克沃尔所说："在一个较为常态的资本主义情形下，交换价值占据领导地位，而使用价值则居次位，从它们共同存在的立场上来看，它们不断使得商品变得毫无目的性，极度浪费，甚至还具有一定的毁坏性。"奥康纳认为必须扭转这种情况，"尽力使交换价值从属于使用价值，使利润导向型的生产从属于需要导向型的生产"。

奥康纳认为，"使用价值（最终产品）理论要以某种需求理论为前提"。提高使用价值（包括背后的使用、使用权）的理论地位的真正意图，在于将生产目的置于生产手段之上，用他的话说，"使交换价值从属于使用价值，使利润导向型的生产从属于需要导向型的生产"。

按照奥康纳的主张，在未来社会，"使用价值应该高于交换价值"。这并非意味着要从工业经济倒退回农业经济，而是要从工业经济发展到更高经济形态（数字经济就是这样的更高的经济形态）。这意味着这里的使用价值与具体价值，都只能是更高的使用价值与更高的具体价值。这是被重新定义了的第三重价值:"正如我们可以根据一个商品的社会经济功能来定义使用价值一样,我们也可以根据其生态后果来定义具体劳动。"

由此可以看出,怎样认识工业化的局限性,是中国式现代化能否迈出第一步的初始议题。"数据二十条"是站在代表先进生产力发展要求这个角度审视问题,思考数据要素背后的数据生产力是不是一种比工业生产力更先进的生产力;数据这种生产力是不是要从价值与使用的关系上——独立于工业化的西方——进行重新定位与思考。应该说,最终的结论与基于生态文明的马克思主义者的思考方向不谋而合。

2. 数字经济的现实实践

然而当谈到基础制度的时候,背后的理论矛盾就暴露出来了。"有数据,但是不用"背后坚持的理念是,"有"(价值上的拥有权)是第一位的,"用"(使用上的使用权)是第二位的。不明确拥有,谁也别想好好使用。问题是,数据的价值与拥有与实物不同,是很难确定的,它只有在使用中才能确定其价值。如果我们为了数据的名分上的权利,在使用确定价值之前,非要把不确定的东西搞确定,结果很可能耽误使用,使信息资源、数据资源难以得到开发利用。这不是理论,而是就发生在我们眼前的现实。它已成为当前数据要素问题上的主要矛盾所在。

按照"价值是检验使用的唯一标准"的理念设计数据基础制度,一定是以数据的所有权为中心,令数据的使用权从属于所有权。从法律角度讲，这种关系保护的是三种权利：一是所有权人使用的权利，二是不使用的权利，三是自己不使用也不让别人使用的权利。前两种权利没有问题，都应该保护。在我们所有的论述中，都充分肯定保护这两项权利，对于所有权人提高资源配置效率的激励是有效的，而不保护这项权利，资源配置将是无效的。问题主要出现在第三种权利上。它可能直接导致数据资源、数据要素的闲置甚至浪费。

而按照"使用是检验价值的唯一标准"，直接的立论是：数据不能脱离使用确定价值，并以脱离使用所确定的价值来作为所有权垄断的对象。意思是不鼓励对数据囤积居奇。先让数据投入使用，再来讨论它的价值（不是不确定它的价值，也不是否定它的收益权）。意思是鼓励所有者与实际的使用者在使用中协商确定价值。因此，它的本意是要解放第三种权利，包括采用扩大用益权——现有用益物权限制范围太窄，仅限地上权等——的方式来限制这种垄断权（或者说限制"保护所拥有的数据不进入竞争"的特权），实现两个目标：一是在资源配置上，将数据的使用投入充分市场竞争，以提高其利用效率；二是在社会分配上，使数据的使用机会——主要指利用数据获得剩余的机会——变得更加平等。

比较"价值是检验使用的唯一标准"与"使用是检验价值的唯一标准"两个抽象命题背后的实际效果。西方式现代化的产权逻辑多了一笔交易费用，只有所有权人主动转移所有权，才能完成使用权流转，从使用效率低的人手中转向使用效率高的人手中。但"自己不使用也不让别人使用"这一权利本身，就保障了所有权人只要不愿意就没人能限制他这种闲置与浪费的权利。所有权人本身可能是勤勉的、奋发有为的，但其后的普遍败家（所谓"富不过三代"）把"有"绝对化，不能制度性地保证"用"的有效。这个问题在工业时代就潜在地存在，只是轮到数据资源、数据要素，矛盾才开始尖锐化。

三、理论：对使用权公平竞争的经济学反思

"数据二十条"强调，遵循发展规律，创新制度安排。充分认识和把握数据产权、流通、交易、使用、分配、治理、安全等基本规律，探索有利于数据安全保护、有效利用、合规流通的产权制度和市场体系。提出"使用是检验价值的唯一标准"，针对的是西方式现代化始终是沿着相反方向思考的，从传统生产要素出发，倾向于忽略从使用角度观察效率与公平问题。我们不妨围绕使用权的效率与公平问题，分别从产权制度和市场体系角度，重新梳理经济学说史上对相关问题的认识。

（一）在产权制度中引入使用权竞争的思想

在工业化条件下，传统生产要素也存在闲置现象，但并没

有被作为一个重要问题进行研究。数据生产要素则不同，它可以无损地复用，因此一旦闲置与浪费，其损失与实体生产要素相比将不在一个量级上。比如，一套虚拟店铺的代码可以复制出一千万套同样功能的流通业生产资料，加以复用，相当于节省了银行给一千万家中小企业建设实体店铺的贷款。但如果不去共享这一数据要素资源，造成的机会成本的损失（闲置）就要远大于闲置万达广场上一间由预制板搭建的实体店铺。"数据二十条"明确提出"数据使用价值复用"。这是探索建立数据产权制度时，与现有物力资本产权制度的最大不同之处。要实现数据使用价值复用与充分利用，就要对使用权进行不同于工业化（包括西方式现代化）的重新思考。

实际上，在工业时代，也有人对西方式产权制度中所有权"自己不使用也不让别人使用"这类垄断使用的权利极为不满。代表人物就是美国第一位经济学家、主张自由放任的亨利·乔治。

在此之前，杜阁、魁奈都将使用权放在比所有权更高的位置上。亨利·乔治与蒲鲁东在产权上的观点较为接近，他们都把所有权与使用权当作并列关系，而不是像现代产权制度思想那样，把使用权当作所有权之下的子集。亨利·乔治对所有权的批判与蒲鲁东关于"所有权是使用与滥用的权利，简言之，就是专制权"的观点高度契合。

亨利·乔治将拥有与使用对立起来，认为"承认土地私有妨害土地的恰当利用"。其揭示出现代产权制度理论一直隐瞒的一点：拥有权含有不让他人使用的权利，包括拥有者自己不使用——不能使用或不愿使用——也不让他人使用的权利："如果土地是私人财产，就得允许个人所有者阻止其他人使用或改良他本人不能或不愿使用或改良的土地。"亨利·乔治认为所有权会导致资源闲置。他说："有些土地空闲着或者未加以充分利用，是因为土地所有人不能或不愿改良它们，以期待地价上涨"，并抨击土地所有者，"他们坚持让土地闲着，自己又无力使用，别人使用时索取的价格高得使人无利可图"。这些也都与现在数据遇到的情况如出一辙。

亨利·乔治这一系的经济学家，特别是美国多位追随亨利·乔治思想的诺贝尔经济学奖获得者，通过市场机制理论、拍卖理论等，发展了在纯市场条件下引入使用权竞争的理论。这已成为近年来诺贝尔经济学奖比较集中的热门领域。"使用是检验价值的唯一标准"成为引入使用权竞争的理论根据。

波斯纳与格伦·韦尔提供了一种从市场机制出发重新认识产权的视角，把产权区分为配置效率与投资效率。前者对应使用权的效率，后者对应拥有权的效率。历史上，强调使用权效率优先的，主要是市场派，包括斯密、边沁、穆勒，认为由拥有权构成的对使用的垄断会降低资源配置的效率，"这些特权和传统阻碍了财产实现其最有效的利用价值"，将更高效率的使用者排除在外。波斯纳与格伦·韦尔则宣称"拍卖让世界更美好"。意思是，主张悬置拥有权（无产权的市场），让使用权竞争成为市场经济的主要机制设计。

　　带着将土地类比数据的观察视角重新审视经济学说史，特别是包括重农学派在内的地租学说，会有不一样的发现，在要素"隔代遗传"上，对市场机制设计产生如下启发：第一，土地与数据平台一样，都具有财富"设施"（生产资料系统）的意义。这种设施由于固定投入，可以令所在的整个经济形态，在边际成本之上获得来自报酬递增的附加租金。第二，从土地和数据平台的最终产品中，都可以获得增值性的差异租。第三，在所有权之外，二者都具有"拥有者—使用者"双层经营性质，从土地中产出农产品与从数据平台上衍生出信息产品，都可以令商业化基础设施从差异租中索取垄断租金。第四，二者的市场机制设计，在其最体现特色的地方，都围绕资源充分利用展开（而不只是围绕拥有展开）。第五，二者都存在租金盈余的转移支付问题，可用于社会性的经济目的。以上这些都与工业化时代最典型的市场机制（包括现代产权制度）有所不同。

　　对"数据二十条"来说，要实现"数据使用价值复用与充分利用"，就需要大的理论突破，在使用与价值之间（包括对应的使用权与所有权之间），重新评估使用，解放使用权，最终顺应先进生产力发展的要求。

(二)数据要素的市场体系与定价规律

"数据二十条"明确提出:"适应数据特征、符合数字经济发展规律","促进数据合规高效流通使用","充分实现数据要素价值"。这指出了探索有利于数据安全保护、有效利用、合规流通的市场体系的方向。

数据要素市场定价规律,决定了两权分离的资源配置基础,进而使数字经济的市场体系发生有别于工业经济市场体系的变化。首先,数据要素适合间接定价,而不适合直接定价。间接定价是指平台方与应用方围绕使用权的定价与收费方式。其次,新的市场体系的产权前提就是所有权与使用权的分离。直接定价的产权基础是两权合一,强调拥有而非使用,在交易中,使用权随着所有权转移,定价主要依赖于价值,而非使用;间接定价的产权基础是两权分离,强调使用而非拥有,在交易中,使用权不随所有权转移,且最终定价主要依赖于使用,而不是拥有。

1. 数据要素的流量特征不同于物力资本,要求在流通使用中实现价值,按使用定价与收费代表未来潮流

"数据二十条"指出,"在合规流通使用中激活数据价值",这是富含深意的。数据要素是一种流量数据。作为状态的数据(以符号、文本形式加以固化、物化的数据),只有与人的活动——对数据的利用、使用和流通、应用——结合起来,形成一个变化之流,才能构成完整的价值循环(生命周期)。从这个意义上说,"使用是检验价值的唯一标准",是指数据的价值要在生产和使用构成的全生命周期中与具体情景(context)的使用相结合,以使用来最终确定价值的大小,才能完成价值确定。实体要素却不是这样,不进入使用,也可以定价,买卖完成后的使用,并不改变定价。

数据以数据之流的方式存在,想把流动的事物变为静态、孤立的"物"来变卖,注定会遇到实际价值测不准这一根本难题。不能把"波"变成"粒"来定价,否则就会因测不准而遇到本质上难以绕过(因此无法靠方法、技艺消除)的不确定性。

数据要素与人力资本的规律相近,而与物力资本的规律相差甚大。数据要素与人力资本一样,只有在流通使用中与创造最终产品与服务的人的活动结合,才能充分实现价值。物力资本作为存量可以直接定价,其价值实现是相对确定的。而数据要素与人力资本一样,作为存量的价值与其实现的价值之间存在巨大不确定性,虽然有的可以实现,但大部分无法实现,要"充分实现",更是难上加难。

对数据资本进行直接定价行不通的理论症结在于,传统单边市场(如贵阳大数据交易市场)把数据当作价值确定的"东西"来交易,交易的只是作为存在状态(being)——只具有潜在价值(基本价值)——的数据,其价值相对它完整的收入(如把"使用价值创造的价值"包括进来)而言,是不完全的、不确定的。从贵阳大数据交易市场的实践来看，买方对数据要素商品的基本价值估价一般是极低的。在拼多多、淘宝上，几十个 G 的数据，可能只卖 8—20 元。这就说明流量只有通过变现才值钱。

这一点与人力资本同理，而与土地、资本、劳动力不同。按传统实体经济隐含的未言明的公理原理，土地、资本、劳动力都可以仅凭存在状态（存量）估值，例如劳动力依靠再生产成本（对劳动力状态的还原）来估值，原因是在存量之上，令其流动的租金、利息和奖金水平，都有一个不依情境（context）而变化的确定水平（或称为流速，如货币流通速度），把它们转化为确定的流量。

而数据资本与人力资本一样，与其存量相连的流速（价格水平）是因人而异的，因此是情境相关的。也就是说，一个人的人力资本或一个数据资本的存量（如学历、文本）状态，代表的只是它的潜在价值，只代表一种可能性。只有他遇上事（而各个事又各不相同，因此估值不同）或数据与不同应用结合（有的效果好，有的效果不好）时，要素的潜在价值才确定地转化为现实价值，从而变为现实。因此，数据资本需要依全生命周期定价，否则只是半成品（中间产品）定价。

这时再看"使用是检验价值的唯一标准"，就能理解其中含有数据要素定价需要延迟到使用阶段之后再确定"实现"的价值的意思。

2. 数据要素市场化的市场与物力资本市场不同，适合间接定价

单边市场本质上是一个科斯型的市场，通过明晰所有权边界，将粒从波的状态中摘出来，将（以外部性为代表的）不确定性排除，交易对象是流动性水平确定条件下作为状态存在的确定的财富。定价方法是将最终产品与中间产品，同样当作最终产品定价。我们称之为直接定价。

而双边市场本质上是一个反科斯型的市场，它把粒还原到波——对数字经济来说，就是互联互通的交互关系——中来定价（例如，梯若尔以进入费或使用费方式对流量外部性加以"变现"——内部化）。网络交互意味着对应所有权的利益，处于"你中有我，我中有你"的模糊状态（外部性状态），它必须区分最终产品直接定价与中间产品间接定价。其中，将中间产品——如人力资本、数据资本的潜在估值转化为现实估值（贴现），需要引入间接定价机制。"使用是检验价值的唯一标准"从市场体系与定价规律角度讲，意味着价值要经过两步完成，第一步是根据投入（成本）确定潜在价值，第二步是根据使用效果确定实现价值。这时所谓间接定价，就是通过使用效果，间接地确定数据的完整价值。

双边市场本质上就是对数据要素进行贴现的间接定价机制。它以数据流量作为外部性的载体，建立起佣金（一加一等于二时的中介收入）之外流量变现（一加一大于二时的生态——报

酬递增——收入）的定价机制。

　　梯若尔说的进入费，实际也是广义使用费的一种，只不过它对应的是平台所投入的生态固定成本，相当于研发投入。贵阳大数据交易市场那种单边市场，其场内交易不活跃的一个重要原因是，数据的所有权人往往在数据买卖（价值交换）当中就定价，买方对数据估值偏低。说明把所有权转移意义上的价值当作检验使用（这些数据有用没用）的主要标准，是难以行得通的。但双边市场为什么没遇见这种问题呢？这是因为它对数据要素的价值是根据使用效果来确定的，一是潜在价值，通过进入费形式的使用费，补偿了数据要素的投入价值，即固定成本；二是实现价值，通过窄义的使用费形式，检验出的是在增值应用中创造的价值。

3. 数据资本间接定价与人力资本间接定价，都是一种剩余索取权定价

　　数据资本间接定价与人力资本间接定价，都是一种剩余索取权定价。但二者有一个根本不同：人力资本间接定价以期权这种时间贴现方法为主，而数据资本有一个现成的空间贴现方法可以加以理论化。

　　涉及剩余索取权的定价与市场交易定价是不同的，要求一个类似企业的分层产权结构。对数据要素来说，这样的结构不是企业内部结构，而是企业间结构，是由平台方与应用方交叉

补贴构成的统分结合双层经营构成的生态结构。"数据二十条"中的两权分离与三权分置,实际上是对此提出的解决之道,这也是对实践经验的总结。对数据要素市场化的规律,人们的认识正在深化,从热衷两权合一型的单边市场(如同时转移所有权与使用权的贵阳大数据交易市场)开始转向两权分离的双边市场(当数据要素作为中间产品时,不转移所有权,只转移使用权;待与使用结合形成最终产品后,再进行所有权人与使用权人的利益分成)。实践证明,脱离平台和应用结合谈数据要素市场化的路是不通的。

(三)反思使用权封闭与开放对社会分配的影响

1. 数据化等于西方式现代化吗

随着数字经济发展,它对社会分配的制度性影响是什么,成为经济学界的新关注点。西方经济学者从使用权封闭的惯性出发,普遍的看法是,数字化导向的制度是数字资本主义、信息资本主义、平台资本主义等。总之,数据生产力的制度结果,就是资本主义,它会进一步扩大贫富差距。

反平台私人资本数据垄断的新布兰代斯学派的观点可以作为代表。在林恩的理论中,我们可以推论出一种判断。以资本的权力模式构建数字经济,有可能导致一种形式上(技术与生产力上)是数字经济,而实质上(生产关系上)是工业资本主义的混合物。

林恩指出，资本集中的本质在于垄断者"增加了他们相对于我们的权力"，"真正解放的是那些坐在新力量顶端的少数人"。而互联网技术在权力集中的作用，在于"消除了任何集中的物理限制"，"结果是形成了超过我们在实体世界所能看到的任何集中"。"新的事实是，数据世界的垄断资本家享有实际世界的垄断者所缺乏的权力。这种能力不仅能够孤立生产者，而且能够歧视生产者，并且孤立和歧视消费者。"这种分析方法令人想起科耶夫《法权现象学纲要》中对法权的分析，相当于从权力角度，将资本的不平等的性质，从企业内部分析延伸到企业外部分析。

"在最基本的水平上，资本主义是一系列法律安排，管理个体私人公民如何通过政治力量合并资金池中巨大但是中立的力量。政治力量潜在于公司、银行和市场等机构中。资本主义的唯一'本质'是，它反映了任何给定时刻的强制法律。人们可以设计并强化法律，以促使他们能够驯服集聚资本的力量。"

问题在于，资本集中本身并不是数字经济的必然特征。现实中的平台经济（或生态经济）可能出现的是固定资本集中而可变资本分散这种"统分结合"的形式。对此，新布兰代斯学派基本无视了。更不用说，未来商业模式可能出现无平台的纯生态模式。例如小程序，不一定依托平台而存在，也并不以上市为诉求。小程序之间生态互补，可能与资本集中并不是一个趋势。它可能以包容性见长，发展出不同于工业资本主义的新的模式。

这与西方马克思主义学者的判断如出一辙，也多是以为数字化的制度结果，是将剥削向数字领域延伸。例如克里斯蒂安·福克斯认为，计算机、互联网和"社交媒体"（例如Facebook, Google, YouTube 和 Twitter）时代，人类的劳动正在发生着变化，这种变化表现在全球价值链生产方式下各种不同形式的数字劳动国际分工（international division of digital labour，IDDL）。所有这些劳动方式有一个共同特征，即人类的劳动力被剥削。

无论是左翼学者还是右翼学者，都认为数字化将走向资本主义。总之，数字化与社会主义没什么关系。这些结论还是沿着西方式现代化的惯性，以西方式发展为观察重心进行的。但对中国式现代化来说，这样的思考是不够的。因为实践中出现了使用权开放这一新的潮流，可能改变以往的定见。

2. 走中国式现代化之路，要正视实践中已大量发生的、先进生产力发展要求与人民群众根本利益可能存在的一致的方面

举例来说，美国佩奇院士发现数字化可能产生多样化红利，使"群氓"（活劳动）比"有能力的人"（如管理精英）分配更多剩余（斯科特·佩奇，《多样性红利》，2007，2017）。佩奇的理论将不同技术效率按偏向主体的不同分为两大类，用"能力与多样性"概括。能力对应的是专业化。与同质化、专业化相

联系的主体是有"能力"的人,即精英。而多样性自然对应多样化。与多样化相联系的主体是"群氓",即草根、群众、劳动者。斯科特·佩奇提出"多样性优于同质性定理":"如果两个问题解决者集合都只包含了个体能力相等的问题解决者,并且第一个集合中的问题解决者是同质性的,第二个集合中的问题解决者是多样性的,那么平均而言,它们的局部最优解将会有所不同,而且由多样性问题解决者组成的集合将优于由同质性问题解决者组成的集合。"斯科特·佩奇这个结论更加适合信息技术,因为多样性优于同质性(包括自动化、专业化)的前提条件,是工业化已完成,经济的主要问题从解决大规模制造(简单性任务)转向解决多样化服务(复杂性任务)。与多样性效率最匹配的是"复杂性任务"。对劳动密集的服务化来说,多样性中孕育着劳动者的红利(bonus)。

因此,收入红利应向多样性群体自然倾斜,将优化分配而不是极化分配(两极分化)。此前,人们一直担心,智能经济条件下,人工智能技术广泛应用会带来结构性失业问题,进而影响到收入分配的两极化。但平台经济、零工经济将使职业和工作出现多元化、碎片化的趋势,工作机会不是减少,而是增加。

要理解"数据二十条"在根本的"基础制度"问题上独立于西方思考的逻辑,要满足中国式现代化这一要求,至少有两个盲区要破除。一是坚持历史唯物主义。从上述西方观点中,人们很容易得出一个怪异逻辑:数据时代,先进生产力不再决定生产关系，因为有数据生产力这样的先进生产力，但生产关系一定永远是资本主义这种落后的剥削关系。这是不符合基础制度逻辑的。除非对历史唯物主义彻底丧失信心，从此理论不再自信。此时的理论要研究，在先进生产力条件下，将引发什么样的有利于共同富裕的生产关系变化才能摆脱现有思维惯性。这是迷信西方式现代化的学者做不到的（无论是支持马克思，还是反对马克思）。二是坚持实事求是。上述西方观点没有注意到在美国、中国流行的共享经济实践中，其实生产关系、经济基础已在和平地向马克思预言的方向演变。这就是基于数据要素的劳资分成实践，正向劳动不仅分享剩余，而且分享剩余的比例高于资本的趋势演进。此时的理论，需要认识与解释，这种同资本主义相左的悖论性事实，到底是一种偶然变化，还是有新基础制度潜力的实践。

这样才能全面看问题，并走出一条中国式现代化之路。一旦解开了这个思想疙瘩，中国在数据基础制度上，就可以比沿着西方式现代化惯性走下去的国家更容易找到新路。举例来说，在数据要素问题上，中国可以建立比美国更加亲和"共享"取向的数据基础制度。这就是"数据二十条"要求的"促进全体人民共享数字经济发展红利"。一旦建立了这样的基础制度，美国西海岸那些出于数据先进性原因而自发遵从开放共享而反对封闭专用的企业家，会觉得中国的基础制度比美国的基础制度好。中国式现代化才能做到"不仅是中国的，而且是世界的"，真正具有现代化一级的竞争力。

四、思路：数据产权制度下的中西方现代化思路的分别

（一）数据产权制度体系可能出现东西方不同选择

我们可以看出，"数据二十条"的取向与中国注重使用（"开发""利用"）的历来取向是一脉相承的。

邓小平是我国信息化建设的奠基者和推动者，1984年9月18日，邓小平在为创刊两周年的《经济参考报》题词时写道："开发信息资源，服务四化建设"。这十二个字成为我国信息化建设和发展的重要指导方针。

其中强调的是，信息发挥作用的关键在于有效开发。充分开发信息资源，科学管理信息资源，有效利用信息资源，是国家信息化建设的主要内容，也是提高社会生产力，促进经济发展和推动社会进步的重要保证。信息虽然广泛存在，但是如果不对其进行有效的开发和利用，其价值也难以自然实现。信息发挥作用的关键在于人们对其进行动态的、有效的开发。

"数据二十条"强调，探索建立数据产权制度，建立数据资源持有权、数据加工使用权、数据产品经营权等分置的产权运行机制。这与偏重开发利用的思路一脉相承。"数据二十条"反复强调使用，如"在保障安全前提下，推动数据处理者依法依

规对原始数据进行开发利用","支持数据处理者依法依规行使数据应用相关权利,促进数据使用价值复用与充分利用"。"数据二十条"明确指出,要"逐步形成具有中国特色的数据产权制度体系"。

这明显有别于西方式的思路。在信息革命初起之时,比尔·盖茨在知识的产权问题上,首先想到的不是使用(开发利用)而是拥有,代表了典型的西方式现代化在这个问题上的自然取向。

在 1976 年 2 月 3 日《致爱好者的公开信》(An Open Letter to Hobbyists)中,盖茨提出了他的知识产权主张。他还是沿用工业化时代的思路,用对待实物的办法来对待知识,首先明确所有权,其次谈使用权,最后将所有收益归于所有权人(与生态式的做法对比鲜明)。

以"拥有而非使用"为特点的知识产权的本质,是用工业化的生产方式和保护物力资本的制度来保护知识生产。工业化生产方式的一个重要特征,是将产权制度建立在有形资产的基础之上。知识产权将知识这种无形资产当作有形资产来比附,从而形成了知识生产的垄断、封闭体系。与此形成对照的,是斯台尔曼和莱格斯倡导的知识生产的竞争、开放体系。开放源代码运动就是一种与微软知识封闭体系相反的知识生产活动。不能认为盖茨主张封闭式地保护知识产权有什么"错误",因为这是西方人自然而然的选择,是基于西方式现代化的成功经验而建立起来的本能反应;而且,软件确有其特殊性,它可以按产品收费。当时按服务（使用）收费的云服务模式尚未兴起，比知识产权更能激励知识、数据生产的方式还没有出现。

但数据生产力的发展有其自身逻辑，如果说IBM支持LINUX加入开放阵营、SUN使JAVA加入开放源代码运动不足以撼动微软的话，谷歌的知识开放路线就让它真正难以招架了。微软在互联网、大数据时代日渐式微的主要原因在于，采用知识产权封闭保护的剩余索取权收益低，而采用开放利用的剩余索取权的收益高。市场给出了结论。

（二）产权制度选择在资源配置上的中西分别

"使用而非拥有"与"拥有而非使用"并非中国或西方的必然选择。但从现实看，中国正积极拥抱前一种制度选择，而美国的主流选择（不包括数据生产力最发达的西海岸的实际选择）是后者，至少目前来看是这样。这就为中国提供了一个现代化超车的机会。

其实，"使用而非拥有"与"拥有而非使用"的实质分歧，并不在于要不要保护所有者的使用权与收益权。即使在苹果商店模式两权分离条件下，数据资产的使用权转移出去，也并不剥夺所有权人的收益。苹果公司与APP三七分成中，苹果公司一方获得的30%分成，就是所有权人在不使用情况下的净收益。开放源代码并非不保护软件的人格权，也并非不保护原作者的署名权。实质分歧在于，是否保护"所有权人自己不使用也不让他人使用"这一权利。主张保护的，理论上称为绝对产权论；主张开放的，称为相对产权论。

由此来看，问题的要害，从资源配置角度看，实际是要不要将闲置部分的使用权投入市场竞争。投入市场竞争（开放使用）带来的效率高，垄断保护（封闭使用——只有所有人能使用并垄断利润，非所有权人不能使用并分成）逃避市场竞争的做法效率低。这是亨利·乔治主张将生产要素使用权引入竞争的理由所在。

在这方面，数据要素比实体要素矛盾更突出。这点由生产力上的原因决定：要素不可复用（如实体店铺不可以复印生成）时，即使闲置，也只是牺牲一个单位的生产力；要素可以复用（如虚拟店铺的代码可以复制复用）时，一旦闲置，可能牺牲的是无数个单位的生产力，其中损失的机会成本巨大。例如，本来开发出一套虚拟商店可供 400 万应用方开店之用（这是苹果商店模式下 APP 的实数），4 个应用方与 400 万应用方的成本相同（代码拷贝并不花钱），如果只给 4 个应用方开 4 个店用，就等于闲置了 400 万个应用机会。如果折算为平台成本，就相当于，本来可以将开发成本在 400 万应用方身上均摊，现在只能在 4 个应用方身上均摊。这显然是规模与范围均不经济的。

这说明"数据二十条"的取向更符合数据生产力发展前沿

的要求（无论是中关村还是硅谷）。而印度采取的软件服务业外包战略，也比美国传统政客的取向更前卫。

（三）产权制度选择在利益分配上的中西差别

在涉及未来现代化中最主要生产要素的基础制度设计时，第二个重要考虑因素是分配的公平性。需要认真考虑数字化的前景，到底是数字资本主义，还是数字社会主义。西方式现代化可能走向数字资本主义，而中国式现代化是要走向数字社会主义。在这个问题上，基础制度设计的出发点是在代表先进生产力发展要求的同时，也代表最广大人民群众的根本利益。

从这个角度看，将数据要素与资本要素、劳动要素联系在一起时，"拥有而非使用"隐含的分配倾向是，资本所有者获得数据要素的全部剩余；而"使用而非拥有"则使非数据要素所有权人的劳动者，可以凭借使用权在数据要素利用、使用、分享中与资本共同分割剩余。通过风险共担、利益共享机制达成剩余分割的合约，从而从雇佣制转向合作制、合伙制（这里的合伙制是劳资之间的合伙，而不是指所有权人内部的合伙）。

共享生产资料既不是社会主义特有现象，也不是资本主义特有现象。由生产资料共享改变的只是使用权，而不改变所有权。从这个角度说，生产资料共享对所有权是中性的，但这不代表共享生产资料对生产关系的影响也是中性的。我们用一条标准区分共享生产资料的不同分配选择，即看在资本要素与劳动要素之间是否分割剩余。如果剩余全部划归资本，这种分配选择是数字资本主义的；如果剩余在资本与劳动之间平等分割，这种分配选择是数字社会主义的。

共享生产资料提供了剩余分成的可能性，但是否分成存在数字资本主义与数字社会主义两种不同分配选择，向哪个方向发展主要取决于生产关系如何调整。

首先，说明收入与剩余的定量空间。在图 1-1 中，我们定义收入空间为 $p^*e^*Q^*O$，它由生态中全部应用提供的最终产品的价格与数量之积构成。其中 gfQ^*O 代表成本（是中间产品收入总和），又分为平均成本 f 和边际成本 i（图中 P_{AC} 代表的是内生外部性时平台以边际成本提供基础业务以获取客流）。p^*e^*fg 就是我们下文要讨论的剩余。其次，无论是在中国、美国还是在欧洲，由平台私人资本获得 p^*e^*fg 的全部都是不可接受的，这将产生林恩所说的"私人税收体系"问题（指私人侵占国家税收空间），因此需在平台方与应用方分成后，从平台方再切出一部分（例如一半）作为数字税上交，以下只讨论税前部分的分配。

如果这个剩余全部归平台，（即使交纳数字税）共享生产资料将是数字资本主义性质的。如果这个剩余在消费方、应用方与平台方之间依合约平等分成，则共享生产资料可以确定为数字社会主义性质的。

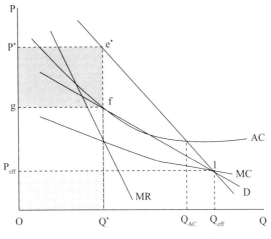

图 1-1 租金盈余中的剩余分配

显然，p^*e^*fg 是由流量 Q_{eff} 与 D 直接锁定的。在理论上，流量 Q_{eff} 应是三方授权的结果。这意味着它的所有权来自三方主体：消费方、平台方与应用方。三方在流量变现中，都具有剩余索取权。其中消费者授权的数据要素部分可以通过免费享受服务的形式分享剩余，也可要求数据可携带权等作为与服务方讨价还价的资本或作为分享剩余的条件，这里不重点讨论。以下重点讨论平台方与应用方对剩余的分割。平台授权涉及平台固定成本投入所形成的流量中的关系链资产的价值，流量增值的部分价值（如流量转化服务）等；应用企业授权涉及流量变现最后一个环节中应用对流量附加的服务价值。

1. 典型的数字资本主义分配方案

按照梯若尔的倾斜性定价理论，平台方获得流量外部性的全部剩余回报，应用方并不分享剩余（只进行等价交换）。这是典型的数字资本主义分配方案。平台主要通过进入费与使用费获得剩余。进入费可理解为对平台固定成本投入 $gfiP_{AC}$ 的补偿，使用费则可理解为按使用效果对 p^*e^*fg 部分收费。

与新布兰代斯学派理论比较，倾斜性定价理论的优点是内生了双边市场外部性。而新布兰代斯学派相当于完全忽视了双边市场尤其是增值业务中的价值增值（主要来自增值业务中的差异化、多样化与异质性溢价），把 p^*e^*fg 全部理解为由平台方获得的垄断利润。一方面，梯若尔认为，"基于科斯定理，而不区分市场的单边性与双边性问题，对价格结构问题进行商业和公共政策方面的讨论是误入歧途的"。这一点是对的。但另一方面，梯若尔用双边市场的特殊性为资本集中完全垄断辩护，又体现了一种"资本主义"式的分配理念。

尼克·斯尔尼塞克把这样的资本主义称为平台资本主义，其认为："总而言之，平台是一种新型的公司。它们的特征在于提供基础设施，以调节不同用户组，显示由网络效应驱动的垄断倾向，使用交叉补贴来吸引不同的用户组以及利用设计好的核心架构，控制交互的可能性。"

"由网络效应驱动的垄断倾向"是指图 1-1 中的 p^*e^*fg，网络效应指由 d 到 D 带来的改变。基础设施指 $gfiP_{AC}$ 部分的投入，交叉补贴是指应用（最终产品）p^* 至 g 高于一般平均成本定价，g 至 P_{eff} 低于成本提供基础设施（中间产品）之间，进行转移定价。控制交互，是指控制流量交互。这些分析都是符合的。

斯尔尼塞克认为，工业平台被资本用来获得垄断利润。他赞成这样的看法："随着工业互联网的出现，'大赢家将是平台所有者'。"概括起来说，其认为平台共享生产资料不会导致资本主义生产关系的基本逻辑前提，是认为资本方（平台方）在要素交换中获得全部剩余，而劳动要素不获得剩余。事情如果真如斯尔尼塞克所说，平台垄断全部利润，并将成本转移给员工，这里的生产关系无疑是资本主义的。

2. 现实中存在着数字社会主义分配关系萌芽：分成合作制

但是，现实中，有一处重要之点斯尔尼塞克没提及，即平台方与应用方——基础设施与流量垄断同应用的完全竞争——处于统分结合双层经营结构中，二者不是雇佣制关系，而是合作制，这意味着对剩余的分割（如三七分成）。

实际的分配关系，可能不是平台方获得全部剩余（像梯若尔分析的那样），而是平台方按生产资料使用效果收取使用费，而应用方同样根据使用效果——最终产品收入情况——根据合约分割剩余。斯尔尼塞克上述分析掩盖了所谓"大赢家"的平台所有者在实际行情中往往是分割剩余的一小部分（15%至30%）。这一比例对应的绝对剩余虽然数量很大（因此确实可能造成资本集中问题），但总的资本方在剩余分割中的占比却可能并不符合资本主义的典型分配方式（资本所有者占据全部剩余）。当数字化生产资料得以共享时，所有者之外的使用者（如供应链上的合作伙伴）也可以是赢家。

斯尔尼塞克在此没有分析人力资本对物力资本利润的分割，而当作物力资本在雇佣制下剥夺人力资本（周其仁所说"压榨"）。他认为应通过平台企业让合作方（应用方）承担实体资产投入，转移风险。"这些公司还从资产负债表上剥离了成本，并将其转移给了员工。"这没有注意到在合作制下，平台方与应用方是风险共担、利益共享关系，分别承担基础业务与增值业务的成本投入，归属不同产权主体。生态固定成本（包括平台方的实体资产投入）由平台方承担，生态可变成本（包括应用方的实体资产投入）则由应用方承担。当应用方经营失败时，不需要承担平台方固定成本的资产负债，这是他没有指出的。转移风险也是确实的，但转移的只是应用的风险，而不是自身投入的风险。平台一旦失败，资产负债表上的风险仍由平台方来负担，而不是由应用方负担。与应用风险对应的收益也同步转移给应用方了。具体来说，一方面，生态资方（平台企业）将生态中的应用风险全部转移给应用方，相当于让应用方替自己试错。例如，应用方97%的失败风险由其自身承担。而这只是轻资产风险。另一方面，平台方在转移应用风险的同时，还承担了平台风险。例如，平台企业退市，投资人的风险是不必由应用方承担的。而且与实体经济不同,应用方失败时,承担的并不是重资产风险(因为数据生产资料是复用而来,拷贝几近零成本)。将重资产风险(平台风险)与应用风险(APP风险)综合来看,这是双方在风险共担、利益共享机制上的一种社会分工,是平等达成合约的结果,而不是一方强加于另一方。

从正面分析,把握各要素(资本要素、劳动要素)平等分割剩余这条主线,完全可以从共享数字化生产资料中得出数字社会主义的分配选择。这种选择在我国的生产资料共享政策中已有所体现。概括起来说,除了552号文件中提出的"鼓励平台面向中小微企业和灵活就业者提供免费或优惠服务",在1157号文件中还包括:第一,鼓励资本让利。"鼓励各类平台、机构对中小微企业实行一定的服务费用减免。""引导互联网平台企业降低个体经营者使用互联网平台交易涉及的服务费,吸引更多个体经营者线上经营创业。"第二,支持劳动分成。"支持大众基于互联网平台开展微创新,探索对创造性劳动给予合理分成,降低创业风险,激活全社会创新创业创富积极性。"

这是一种体现数字时代特征的新型生产关系,难以纳入传统社会主义分析。传统的分析是,劳动要分享剩余,一定要通过调整所有权,通过持有股份分享剩余。但在数字化生产资料共享条件下,劳动者即使与生产资料所有权无关,也不妨碍其仅凭使用权分享剩余。因此本书临时区分工业社会主义与数字社会主义。工业社会主义以工资制为界定特征,"数字社会主义"

是一个临时使用的概念，只强调一点，即以合作制（而非雇佣制）为界定特征。比工资制与雇佣制多出劳动者在一次分配中直接获得要素收入和财产性收入（即劳动分享剩余）这一点，而工资制中劳动者获得剩余只能通过二次分配、三次分配。至于工业资本主义与数字资本主义（平台资本主义）均为雇佣制，即资本获得全部剩余，劳动者不参与剩余分配。它与工资制在转移支付上的区别，主要是定性而非简单定量问题，因与主题无关，在此不加讨论。

不依靠所有权而依靠使用权分享剩余，其理论本质，正是数字时代以零次分配"促进机会公平"这种新现实。

总之，共享生产资料本身作为资源配置方式是中性的，它的利益分配倾向何方，要看基本的合约是雇佣制还是合作制。这两种制度的存在完全取决于社会选择。采用何种分配方式，主要看生产关系中的剩余是否分割、如何分割。《平台资本主义》书中把平台完全当作私人资本，以数字资本主义分配关系掠夺劳动剩余。这种情况在现实中是存在的。但反例和相反的取向——数字社会主义的机遇——同样存在，通过合作制令劳动者高比例分享剩余，通过共享生产资料增加要素收入与财产性收入，为数字化条件下社会主义促进机会公平、推进共同富裕，开辟了比数字资本主义更广阔的前景。

五、中国式现代化中数据基础制度建设的总愿景

从中国式现代化的视野看,数据基础制度建设的背景是建立与中国式现代化的上层建筑相适应的经济基础。如果把上层建筑的问题分为政治与行政的话,经济基础上的问题可分为所有与经营,前者对应要素拥有,后者对应要素使用。

"数据二十条"强调淡化所有权,淡化的不是所有权本身,而是所有权这条思路。也就是稳定所有权,在所有权上不折腾。不把主要精力放在以调整数据要素所有权来解决问题上,而是放在数据资源的开发利用上。通过强化使用权,实现更富效率,更加公平。这个取向不务虚名,而重实效,符合中国共产党人的做事风格。

两权分离(三权分置)这一思路要解决两个关键问题:一是比西方式现代化的制度设计更有效地解放数据生产力;二是建立比西方式现代化更完善的数据利益分配制度。如果在数据要素的这两个关键点上比西方式现代化做得更好,中国式现代化才具有更强的生命力、竞争力。

(一)比西方式现代化的制度设计更有效地解放数据生产力

"数据二十条"要求"充分实现数据要素价值",这是数据基础制度提出的资源配置要求。按照传统制度设计,垄断数据要素

的使用（自己不用也不让更高效利用者使用），实现数据要素价值将是不充分的。解放数据生产力，就是要充分实现数据要素价值。

当前以数据要素为代表的先进生产力与决定工业资本主义、工业社会主义的生产力条件，发生了质的变化。在工业化阶段，社会主义现代化的主要任务是实现工业化（包括工业现代化、农业现代化等）。但在数字化阶段，除了继续推进工业化，还面临信息化的新任务。四个现代化，哪一化也离不开信息化。

按照历史唯物主义生产力决定生产关系的要求，实现信息化水平的现代化——比工业化的现代化水平更高的第二次现代化——首要的标准是生产力。包括数据基础制度在内的经济基础是否能解放生产力、促进生产力发展，是衡量基础制度是否合理的重要标准。

"数据二十条"提出要通过数据要素市场化，更充分开发利用数据资源。数据基础制度需要体现不同于实体要素基础制度（西方工业资本主义道路）的优势，比物权制度更有效利用闲置资源，特别是让可复用的数据资源尽其所用。这是两权分离的资源配置理由所在。

西方式现代化用物权的思路发展数据生产力。即使具有促进数据生产力专业化发展的一面（因此要充分发挥知识产权的激励作用，以激励数据要素可形式化、可物化——如专利化——部分的生产），也必然造成数据资源利用不充分，限制云计算、开源软件等开放资源的利用方式。这是因为数据要素作为新型生产要素，新在它不同于物力资本的那一面。比如波兰尼所说的个人知识。企业家精神、创造创新能力就是无法像商标、专利那样形之于外，可加以形式化、物化的要素。

从发挥市场作用角度，要反对数据资源上的浪费，通过合理的制度设计，避免拥有而不使用现象的发生、发展，防止以西方式的传统物权保护理念束缚数据生产力的发展。这主要还不是指把着专利但不让人使用，而是指数据要素中无法加以商标化、专利化的知识的利用。例如数据要素与一线劳动者在具体应用场景下结合形成的独一无二的能力。

从现实政策来看，当前，推进两权分离对国有企业来说，更多是一个资源配置效率提高改善的问题。要打破封闭资源造成的数据要素闲置与浪费，积极推进实体生产资料的数字化，构建由不同所有权主体利益共同体组成的商业生态系统，促进面向供应链、价值链各种增值应用的开放利用，保证各种所有制经济依法平等使用生产要素、公平参与市场竞争、受到法律同等保护。以此解决经济的主导力量闲置数据资源问题，更充分地开发利用数据资源。

（二）建立比西方式现代化更完善的数据利益分配制度

"数据二十条"明确要求数据基础制度要"促进全体人民共享数字经济发展红利"。

在以物力资本为主推进现代化的工业化阶段，中国由于面临追赶，在处理先富、共富关系上，难以摆脱西方式现代化中的惯性，如物力资本优先。

而在新时代，面临下一轮现代化，需要提前考虑这样的问题：发展数字化，充分利用数据要素，在市场经济中发挥作用，是会扩大贫富差距还是缩小贫富差距，是要走西方式的路还是走中国式的路？

即使美国按照西方式现代化的惯性，在数字化中扩大贫富差距，中国也可选择不跟。建立中国式现代化的数据基础制度，要有助于缩小贫富差距，有利于实现共同富裕。特别是沿着促进机会公平，扩大民众要素收入与财产性收入的方向，完善分配制度。在这一背景下提出两权分离、三权分置的要求，不是权宜之计。

"数据二十条"强调"两权分离，三权分置"，核心是更平等地分享机会，更平等地分割剩余。这就是"数据二十条"要求的"坚持共享共用，释放价值红利"。此前，我们曾有过教训，以私人资本垄断方式过度攫取数据要素的租金盈余而不承担相应社会责任，将损害平等与公平，如果把这种现实固化为基础制度，就会不自觉地滑向"数字资本主义"的选择。

而两权分离最大的不同在于，通过"使用而非拥有"、通过共享数字生产资料解放生产力完善分配制度，令劳动者在共享发展中平等获得要素收入、财产性收入。

首先，"数据二十条"强调，坚持"两个毫不动摇"，按照

"谁投入、谁贡献、谁受益"原则,着重保护数据要素各参与方的投入产出收益,依法依规维护数据资源资产权益。这里对剩余的分配,从西方式的强调数据要素所有权人转向中国式的"数据要素各参与方"。这意味着使用不光是检验价值的唯一标准,而且成为检验剩余价值的重要标准。

其次,"数据二十条"大大提高了一线劳动者价值创造和价值实现的劳动(也是数据使用)在剩余分配中的地位。其强调,"促进劳动者贡献和劳动报酬相匹配。推动数据要素收益向数据价值和使用价值的创造者合理倾斜,确保在开发挖掘数据价值各环节的投入有相应回报,强化基于数据价值创造和价值实现的激励导向。通过分红、提成等多种收益共享方式,平衡兼顾数据内容采集、加工、流通、应用等不同环节相关主体之间的利益分配"。这完全走出了一条不同于数字资本主义的中国式现代化的新路。这与党的二十大强调"促进机会公平",提高民众要素收入与财产性收入,完善分配制度的要求是完全一致的。

回顾历史,我们可以观察到,农村改革与城市改革在劳动分享剩余这一点上的表现是不同的。农村改革纯粹是"中国式"的(其现代化是农业现代化)。它推进两权分离的一个直接结果,是使农民分享到工资水平之上的剩余。"交够国家的、留足集体的、剩下全是自己的。""剩下全是自己的"就包含了劳动者在工资水平的报酬(相当于雇农)与剩余水平(相当于佃农)的报酬两部分。而城市改革,由于以物力资本为核心,更多借鉴西方式的两权合一分配制度，表现为居民（城市劳动者）更多是靠工资作为主要收入，而剩余主要归资本所有权人（无论是公有还是私有）。

两相比较可以发现，城市改革对劳动者的激励强度远不如农村。因为激励局限于工资水平而不是剩余水平，这是城市改革不如农村改革势头迅猛的根本原因。如果以社会主义为尺度衡量，是劳动者直接分配（而不仅是转移支付）剩余的分配更接近社会主义的初心，还是劳动者只拿工资（雇佣制）更接近社会主义的初心，在工业化完成后，面对中国式现代化道路选择时，是令人深思的。

鉴于物力资本基础制度更适合两权合一，而数据基础制度与土地基础制度都更适合两权分离。中国式现代化在数字时代就有了一种新走法，即以两权分离，将激励重心移向一线劳动者，这也完全符合数字经济不断将决策权（资本使用权的核心）前移的趋势。与工业领域改革的不同在于，在两权分离中，将激励重心从企业上层（作为资本代理人的经营人）移向企业下层（"听得到炮响的士兵"）。考虑到数据要素发挥作用的场景，更多是一对一的情境，因此劳动者在直接接触用户这个"上帝"中，越来越具有信息优势，越来越具有化解风险的能力，理应获得比工业时代更多的剩余（多样化红利）。这也暗合了马克思当年对生产力高度发达后的变化的预言。

从现实政策来看，当前，推进两权分离对民营企业来说，更多是一个社会分配公平改善的问题。对平台企业来说，应积极推动生态合作。一方面，在有偿共享数据生产资料中降低应用方进入门槛，通过零次分配促进机会公平，形成"共同参与""共享红利"的模式，这就是"数据二十条"中指出的"合理降低市场主体获取数据的门槛，增强数据要素共享性、普惠性，激励创新创业创造"；另一方面，矫正私人资本对生态的垄断（不是对平台的垄断），将平台企业攫取的适度水平之上的租金盈余，通过二次分配、三次分配返还社会。引导生态沿着兼顾公私双重属性方向健康发展，引导平台企业以有别于应用企业的定位，承担应尽社会责任。与国有企业一同，促进全体人民共享数字经济发展红利。

第三节　以使用权为中心是向地心说倒退吗？

著名经济学家张曙光最近系统地提出与论证了"使用权中心论"。其在《使用权中心论：经济学产权基础的颠覆和重构》《使用权的制度经济学——新制度经济学的视域转换和理论创新》等文章中，提出和论证了使用权中心论，试图颠覆和重构现行以所有权中心论为特征的经济学的产权基础。这代表着数字时代经济学的一种重要转向,也是中国经济学独立思考的最新成果。

然而,也有一种意见认为,使用权中心论意味着从日心说向地心说的倒退。这种意见值得商榷。本书从数字经济学价值论角度特别是具体价值与抽象价值关系角度立论,支持"使用权中心论",认为它是经济学的进步,而不是倒退。

一、问题由来:数据时代产权制度引发"地心说"与"日心说"的争议

众所周知,在经济学中,具体价值指使用价值,抽象价值指交换价值。对应权利,使用价值对应的是使用权,抽象价值对应的是所有权。工业时代的产权历来以所有权为中心,现代经济学是以所有权为中心的理论;而数据时代的产权一旦转向以使用权为中心,势必要求构建以使用权为中心的经济学。一些转不过弯来的传统经济学家,会认为以使用权为中心的理论是"地心说",来自农业实践;以所有权为中心的理论是"日心说",来自工业实践。映射到价值理论上,从具体到抽象(如斯密发现交换价值)是从地心说向日心说的转向,而从抽象到具体是从日心说向地心说的"倒退"。担心在政策上转向以使用权为中心,会造成理论上从"日心说"向"地心说"的倒退(以下称倒退论)。

数字经济学作为一种面向生态的经济学的总的标志性特征，体现在"具体—抽象—更高的具体"这样的价值框架中。将这种价值框架套在权利框架上，正是"使用权—所有权—更高使用权"这样一个逻辑与历史相统一的框架。正如张曙光先生等指出的："使用权和所有权的相互关系发展史呈现出典型的'正—反—合'三段论式发展，经历了一个否定之否定的演化过程。"

在工业经济向数字经济转变的历史阶段建立数字经济学，具有鲜明的批判性。这种批判性是信息革命与生俱来的禀性，革命结果可能是扬弃，但革命的过程一定伴随着对旧事物的否定。数字经济学的价值论，首先需要提出一个批判与否定工业价值论的纲领。数字经济学与生态经济学在此共享同一个纲领。这就是，把工业经济的价值本体高度概括为抽象价值，认为抽象走向极端，将带来"错置具体性"这样一种反人本、反生态的弊端，正是在克服工业化这一自身难以克服的局限的过程中，产生了数字经济乃至生态文明兴起的必然性。数字经济与生态文明将以更高的具体价值来扬弃抽象价值，复归自然与社会的生态协调性。相应的产权理论变化，就是要达到使用权中心论这一合题阶段。

我们完全不认同倒退论的说法。倒退论不理解以使用权为中心强调的具体价值，不是物的具体价值（使用价值），而是更高的具体价值，是人的创造性价值。因为正如张曙光先生等指出的："使用是具有主体性、能动性和创造性的行为。"

更高的具体价值或更高的使用权中的"更高"表现在，不是要回到自然经济中的生态或农业经济中的权利关系，而是要在数字化这一更高的生产力、生产关系与生产方式水平上，回到自然与人的可持续发展。举例来说，用数字化的波音飞机代码实现数字孪生，它是生态的，但却不是退回农业生产方式（所谓回到地心说），而是进步到一种比工业化更高的生产方式。再如，组织进化到生态链群，也不是在向家庭倒退，而是进步到一种可以更好利用外部性资源的生态网络。再者，如张曙光先生等人所说："使用权中心论是指劳动雇佣资本，设计者雇佣设备并支付设备所有者合理固定要素报酬，使用者作为理性决策主体，获得绝大部分剩余经济价值。"

倒退论混淆了正反合公式中从反题（抽象）倒退回正题（具体）与从反题（抽象）前进到合题（更高的具体）的区别。这是问题的症结所在。1985年，罗伯特·泽米吉斯执导了一部科幻电影——《回到未来》(*Back to the Future*)。此后，人们就把"过去—现在—未来"这一否定之否定公式中，从现在前进到未来，称为"回到"（"倒退"回）未来。之所以用"Back"这个词，是因为否定之否定具有隔代遗传性。道理很简单，一个事物否定两次就负负为正了。作为正题的具体被否定两次后，变成更高的具体，这是毫不奇怪的，不代表真的倒退，如果非说"Back"，也只能说是回到未来。离开日心说是确切的，但不是回到地心说，而是离开以太阳为宇宙中心的狭隘观念，进展到把太阳置于更广阔的宇宙之中。

二、以使用权为中心，其价值基础在于从抽象上升到具体

（一）经济学基本范式从理性向生态的转变

人类进入数字文明，但凡认为这是一场革命，而不是改良，首先应想到的，就是寻找理性的反义词，来作为变革经济学的杠杆与支点。但理性的反义词并不是非理性，而是生态。生态与理性在哪里是相反的呢？就在于具体与抽象的关系上。

最先指出这一点的，是阿尔弗雷德·诺斯·怀特海。他认为，现代经济学作为一种反生态的理论，在学科硬核中存在着"错置具体性谬误"（因抽象走向极端而脱离具体）。达利与柯布的《21世纪生态经济学》，将这一判断作为整个生态经济学价值论的核心纲领。

首先，凡理性的价值，一定是抽象的价值；凡生态的价值，一定是具体的价值。凡是理性占据绝对主导的地方，往往就是生态（自然生态、社会生态）被低估甚至被破坏的地方，就是人与自然、人与人之间的合作被排斥的地方。

人们有时用生态理性来概括理性的反义词，但这时的理性，已不再是作为工业化思想基础的启蒙运动本义中的理性，而更接近东方的理性概念。如作为笛卡儿理性反义词的朱熹理性。笛卡儿理性与朱熹理性的相反之处在于，前者是心物二元（天

人对立）的，后者是心物一元（天人合一）的。心物一元在古代汉语中称为"诚"，如不诚无物，是农业文明中一种排斥机械化理念的初级的生态观。当人类完成工业化后，作为对工业化破坏生态的反动与矫正，数字经济与生态经济在"更高的具体价值"这一点上达成了同盟。

其次，理性这个概念带有"反生态"的内涵，是生态的反义概念，还表现在对外部性经济不经济的判断上。反生态最典型的表现，就是排斥外部性（认为外部性不经济）。达利与柯布明确认识到这一点："当从现实中抽象掉的因素在经验中变得越来越明显时，其存在就通过'外部性'这个概念得到承认。""外部性这个概念确实表明人们认识到了具体经验中被忽略的方面。"[1] 通过交换价值这种抽象对真实生态进行价值抽离，积极作用明显，但消极作用也突出，后者表现在把难以交换的外部性（如合作）排除在市场之外（科斯原理）。今天的数据基础制度强调使用权，还有充分顺应数据具有外部经济性（技术与资产的"通用"性）这一原因在里边，把遗漏在生态中的外部性资源经济地利用起来。这是倒退论者不会想到的。容纳外部性经济这一观念，使数字经济学与生态经济学在共同体、合作共赢上，达成第二个结盟。这时的生态，已无关乎环保、低碳，而主要指社会生态，是制度视角的生态。

---

[1] 赫尔曼·E.达利，小约翰·B.柯布. 21世纪生态经济学[M]. 北京：中央编译出版社，2015: 37.

（二）提出《国富论》的反命题："错置具体性的谬误"

以使用权为中心背后的价值论基础，是复归具体价值，其最先是由生态经济学成体系地作为经济学核心问题提出来的。生态经济学提出的命题称为"错置的具体性"悖论，是《国富论》的反命题。

如果把《国富论》浓缩为一个词，那就是抽象价值。这是所有权中心论的价值基础。斯密用抽象价值这个"战略核武器"，摧毁了重农学派堡垒的核心——具体价值。而生态经济学则希望用更高的具体价值，革命性地改写以抽象价值为核心的现代经济学。对应的产权理论的变革，就是张曙光等人在世界范围内首倡的使用权中心论，将制度经济学推高到一个新的阶段。

"错置具体性的谬误"，是生态哲学家怀特海对现代经济学存在的根本局限的总的诊断。其是指："当思考现实实有（actual entity）时，仅仅因为这个现实实有能够作为某些范畴的思想例证，就忽视了其中所包含的抽象程度。"[①] 意思是，现实的规律，总是从具体到抽象，但一旦抽象过度，脱离了具体，理论就会脱离现实。怀特海认为，现代经济学就是如此，他评价现代经济学："它把人们固定在了一套抽象的体系上，而这些抽象对

---

① 赫尔曼·E.达利，小约翰·B.柯布. 21世纪生态经济学 [M]. 北京：中央编译出版社，2015: 36.

现代思想产生了灾难性的后果。它使工业变得非人性化。"[1] "理性—人性"在此构成了一对矛盾,从中产生了现代经济学的"原罪",如罗根所说:"标准的经济学的原罪即犯了错置具体性的谬误。"[2]

达利与柯布指出:"经济学当中,错置具体性谬误的经典例证也许就是'货币崇拜',它体现于把交换价值的量度和抽象符号——金钱——的特性,应用于具体的使用价值——商品——本身。"[3] 错置具体性的谬误,在政治经济学中一般称为"异化",分为人的异化与劳动的异化,是指手段与目的的背离(为了手段而忘记目的)。在这里,手段指工具理性,它是抽象的;目的指人性(意义),它是具体的。而从错置具体性谬误中解脱出来,是为了恢复人的创造性,是在为大众创新树立合法性。

如何才能避免经济学的"错置具体性谬误"(异化)呢?生态经济学提出"回到具体"这一主张。它直接来源于怀特海所说的"重回具体以找寻灵感"。回到具体,在价值论上,就是回到使用价值;在产权上,就是回到使用权。只不过这种具体或使用,不再只是功能意义上的使用价值或有用性,而增加了参

---

[1] 转自赫尔曼·E. 达利,小约翰·B. 柯布. 21世纪生态经济学[M]. 北京:中央编译出版社,2015: 35.

[2] 转自赫尔曼·E. 达利,小约翰·B. 柯布. 21世纪生态经济学[M]. 北京:中央编译出版社,2015: 36.

[3] 赫尔曼·E. 达利,小约翰·B. 柯布. 21世纪生态经济学[M]. 北京:中央编译出版社,2015: 37.

与的含义。共享经济中的使用（accese）的另一个意思就是参与，体现的是人的价值，反对的是用很高的所有权门槛将大众拦在创新活动之外。

三、以使用权为中心具有的批判性与颠覆性

以使用权为中心，本质在于在产权上"回到具体"，即回到使用价值以及使用权。使用权中心论颠覆和重构了现行以所有权中心论为特征的经济学的产权基础，所有权中心向使用权中心的转变是经济学产权基础的颠覆与革命。

张曙光等人的贡献是建立起使用权的制度经济学，而使用权中心论的历史渊源可以追溯到很久之前，不算重农学派，在工业化时期具有这种倾向的经济学家就有许多。例如斯密、边沁、穆勒等，其认为由所有权构成的对使用的垄断会降低资源配置的效率，"这些特权和传统阻碍了财产实现其最有效的利用价值"，将更高效率的使用者排除在外。比如杰文斯就认为，"产权只是垄断的另一个名称。"瓦尔拉斯认为，"宣布土地个人所有权……意味着……阻止土地被社会最有效地利用，这样压制了自由竞争的有益影响"①。亨利·乔治的理论是典型的使用权中心论（受他影响，孙中山的产权主张也可归在同一类中）。在当

---

① 转引自埃比克·A.波斯纳，E.格伦·韦尔.激进市场：战胜不平等经济与停滞的经济模式[M].北京：机械工业出版社，2019: 33.

代,有多位诺贝尔奖获得者是亨利·乔治使用权中心论的追随者,波斯纳与格伦·韦尔就主张悬置拥有权(建立"无产权的市场"),让使用权竞争成为市场经济的主要机制设计。他们提出了何时应以所有权为中心、何时应以使用权为中心的判别标准:"在投资效率比配置效率更重要时,使用私人产权";"在配置效率比投资效率更重要时,使用共同财产(其用途通过拍卖进行分配,如乔治的'土地')",以此"找到投资效率和配置效率的平衡"[①]。

值得注意的是,所有使用权中心论,都以科斯理论为批判靶子。这毫不奇怪,因为科斯理论是典型的所有权中心论。张曙光等指出:"科斯定理成立是有条件的,只有在所有权中心范式下才能够成立,如果经济发展导致所有权中心转变为使用权中心,那么科斯定理以及新制度经济学的一些结论就会被颠覆。"张曙光等人精辟地指出了科斯定理的问题在于:产权理论和新制度经济学打开了企业和市场的"黑箱",却重置了产权的"黑箱";忽视了剩余经济价值在产权内部主体之间分配的问题。与之相反,"使用权中心论是指产权束内使用权占主导地位,表现为使用者逐渐获得更多的剩余经济价值分成"。

张曙光教授的理论形成于工业时代,却能超越工业时代包括他的同龄人,在于他认识到:"随着数字信息技术和新经济的

---

① 埃比克·A.波斯纳,E.格伦·韦尔.激进市场:战胜不平等经济与停滞的经济模式[M].北京:机械工业出版社,2019:33、41.

发展，要素稀缺性、信息完备性和关系普遍发生了变化，使用权重新占据了主导地位。"这与数字经济的实践观察是完全一致的。

在数字经济学内部，平台经济理论同样把科斯定理树立为靶子。埃文斯给双边市场下定义时就直接针对科斯定理："市场是双边的必要条件是科斯定理并不适用于双方之间的交易①。"梯若尔认为，"在科斯研究的世界里，市场是单边性的"；"基于科斯定理，而不区分市场的单边性与双边性问题，对价格结构问题进行商业和公共政策方面的讨论是误入歧途的"②。这种误入歧途，在最近十年会给数字经济带来 20 万亿元至 60 万亿元的损失。

四、以使用权为中心的现实意义

当前我国建立的数据要素基础制度的特点是，从以往的以所有权为中心演进为以使用权为中心。在对数据基础制度的内部讨论中，人们接近达成淡化所有权、强化使用权的共识。原因是，当前阻碍数据经济发展的主要问题，是对数据拥有而不使用，不仅自己不利用也不让别人利用，或为别人利用设置过

---

① 戴维·S.埃文斯.平台经济学：多边平台产业论文集[M].北京：经济科学出版社，2016: 5-6.
② 让·梯若尔.创新、竞争与平台经济[M].北京：法律出版社，2017: 80.

高产权门槛,导致数据的垄断者广泛存在"占着茅坑不拉屎"现象。为了促进数据资源的有效使用,需要构建"使用而非拥有"类型的产权制度,通过激励使用以激活价值。

以使用权为中心,不仅是发展的需要,也是改革的需要。当前数据基础制度高扬三权分置的旗帜,其实是对农村改革三权分置的隔代遗传。三权分置的基础,就是"所有权—使用权"两权分离,再从使用权中分离出直接使用权(亲自使用的权利)与间接使用权(使用权的流转权)。过去我们可以不问土地归谁所有,可以把闲置的资源配置给效率更高的使用者;将来我们也可以悬置数据归谁所有(意即不改变数据所有权),而重点引入使用权竞争,谁能把闲置数据利用得更充分,就让谁去使用并令其分享剩余。市场经济的精髓,是资源充分利用,而不是资源充分拥有。因为拥有(所有权)毕竟只是手段,利用才是目的。

在经济学中发生的产权重心从所有权向使用权的转变,其更为宏大的时代背景在于,人类基本理念正从启蒙运动、文艺复兴(工业化)时代的"理性"向新时代(信息化时代)的"生态"转变,背后是从工业文明(理性个人文明)向生态文明(共同体文明)的转变。

第二章
数据要素市场化进程

第一节　面向价值化，探索数据要素市场化之路

当前培育数据要素市场，有三个基本要求：一是"推进政府数据开放共享"，讲的不是政府信息化，而是政府数据进入市场；二是"提升社会数据资源价值"，讲的不是企业信息化，而是企业数据进入市场；三是"加强数据资源整合和安全保护"，这是要素利用中存在的问题。三者均与利用有关。我们把利用数据使之产生价值，称为价值化。与之相对的是，把信息藏在孤岛里，不利用，不产生价值。要加快培育数据要素市场，就需要解决重采集、轻应用的问题。下面归纳一些业内专家的有识之见，谈谈数据价值化问题。

一、抓应用，促发展，面向价值化加快培育数据要素市场的必要性

人们对数据确权的必要性拥有共识，然而，确权不是目的。在确权基础上实现数据的顺畅流动与最大限度共享则是政策必须力推的又一个目标。有专家主张，应将数据确权与价值化并

重，探索国内数据要素市场化的具体机制。

培育数据要素市场是为了促进数据要素流动。数据要素并不是为了流动而流动，最终目的是要形成"市场有效、政府有为、企业有利、个人有益"的数据要素市场化配置机制，提升与放大数据要素的价值。价值化包括两个主要方面：一方面培育出数字经济新产业、新业态和新模式，另一方面构建出农业、工业、交通、教育、安防、城市管理、公共资源交易等领域规范化数据开发利用的新场景。

正如专家指出的，只有盘活数据，才能在数字经济时代中占据主动权。盘活数据，要推动数据与各行业各领域的融合发展。推动数据应用，加快传统产业数字化、智能化，做大做强数字经济，能够为我国经济转型发展提供新动力。应该面向重点行业的应用需求，研发具有行业特征的大数据检索、分析，形成垂直领域成熟的大数据解决方案及服务（徐恒，2020）。

二、为什么要面向价值化设计制度：根据数据性质完善产权性质

欧盟 GDPR 的制度设计主要是面向采集与确权（数据生产），而不是面向应用与价值化（数据服务）。在规制方面，欧盟出台史上最严格的数据保护条例，被认为是隐私权的重大胜利，支持者众多，我国对此应理性看待，不宜照搬欧盟做法，

应在个人数据保护和数据融合创新之间追求平衡。

中国之所以要面向价值化加快培育数据要素市场，原因在于，数据只有在服务、使用中，才能体现它的价值。从数据价值链视角，数据供给的市场化即是要通过外部力量加快推动数据价值链上"数据采集—数据储存—数据处理—数据挖掘"中的一个或多个价值环节的市场化进程。培育要素市场是一项全面的工作，全链条的工作，如果把治理重心过度放在数据采集环节上，不符合"根据数据性质完善产权性质"的要求。

专家指出了其中的主要理由：1.同样的数据对不同人的价值可以大相径庭。第一，不同人的分析方法不一样，从同样的数据中提炼出的信息、知识和智慧可以相差很大。在科学史上，很多科学家深入研究一些大众习以为常的现象并获得了重大发现。重物落地之于牛顿，闪电之于富兰克林，与它们对大众的价值是完全不一样的。第二，不同人所处的场景和面临的问题不一样，同一数据对他们起的作用也不一样，对一些人可能是垃圾，对另一些人则可能是宝藏。比如，另类数据包括个人产生数据、商业过程数据和传感器数据等，能帮助投资者做投资决策，但对非金融投资者则没有太大价值。第三，不同的制度和政策框架对数据使用的限定不一，也会影响数据价值。比如，互联网平台获得用户数据后，如果不恰当保护和使用、不尊重用户隐私，将影响品牌形象和用户信任，降低其数据价值和公司价值。2.数据价值随时间变化。第一，数据有时效性。很多数据在经过一段时间后,因为不能很好反映观察对象的当前情况,价值会下降。这种现象称为数据折旧。数据折旧在金融市场中表现得非常明显。第二,数据有期权价值。新机会和新技术会让已有数据产生新价值。3. 数据会产生外部性。第一,数据对个人的价值称为私人价值,数据对社会的价值称为公共价值。数据如果具有非排他性或非竞争性,就会产生外部性,并造成私人价值与公共价值之间的差异。这种外部性可正可负,没有定论。第二,数据与数据聚合的价值,可以不同于它们各自价值之和,是另一种外部性。但数据聚合是否增加价值,也没有定论。既可能存在规模报酬递增情形,比如更多数据更好地揭示了隐含规律和趋势,也可能存在规模报酬递减情形,比如更多数据引入更多噪声。

三、数据要素难以充分流动发挥作用的问题所在

数据要素难以充分流动以发挥最大作用,从根本上说,是因为存在开发与利用之间的矛盾。

首先表现为刘典所说的确权与价值化之间的矛盾。一是在开发与利用关系上。开发要求确权,但传统确权排他;又影响利用,尤其是数据共享。如何令数据要素在流动中发挥一加一大于二的价值化作用,需处理好二者关系。二是在产品与服务关系上。传统确权,专注于产品业态,筑高了采集门槛;服务

业态作为新业态、新模式,趋向产品免费而服务收费。业态落后限制了价值化。

其次表现为规则与服务之间的矛盾。一方面,由于缺乏确权在内的有效规则的规范,主体不愿投入开发,开发之后不愿让数据流动;另一方面,由于服务体系不健全,数据要素市场化的成本居高不下,成本高于收效,影响了数据要素作用的发挥。

四、如何面向价值化解决数据要素市场化问题

解决问题,应主要致力于建立加快培育数据要素市场的规则体系与服务体系,即建立规则有利于确权,保障数据要素有序流动,建立服务体系有利于实现价值化。

应按市场化原则、商业化方式,推动数据要素有序流动,实现供求匹配,即根据需求实现数据要素流动(交易),优化资源配置,合理分配利益。

规则体系建设的主导思想应有别于欧盟,根据数据性质,按拥有权、使用权两权分离原则构建规则。从轻处理采集环节的拥有权,服务、利用环节的使用权,建立有中国特色,又符合全球趋势的有偿共享规则体系。建立以共享发展为实质内涵的规则体系,并据此建立制度优势。

服务体系建设的主导思想应着眼于数据要素的价值倍增,以此有别于欧美现行政策,以要素市场(合约交易)为主,以

商品市场（产品交易）为辅，发挥平台在数据要素增值上以数据生产要素倍增实物生产要素的作用，最大限度地发挥产业数据化中数据生产要素的价值化倍增作用。

第二节　数据要素收益的市场确定

收益的确定，不光是资源配置问题，也是利益分配问题，可以从三个角度、三种方法确定数据要素的收益。在这之中彼此存在矛盾，需要平衡把握。三者关系需要由具体的制度设计、规则设计决定，没有一定之规。

一、数据要素分配制度的构成

如图 2-1 所示：由三角形构成数据要素分配制度的微观层（代表一次分配），由外圈构成分配的宏观层（代表二次分配），中间虚线圈表示技术层（代表技术路线选择对分配的影响）。

在微观层，生产函数包括三要素：数据要素，资本要素，劳动要素（略掉与数据同方向的技术，以及土地）。数据要素对资本与劳动的分配影响呈中性，当微观主体内部选择专用模式利用数据要素时，则分配趋向资本数据利益一体化（扩大贫富差距);选择共享模式利用数据要素时,则分配趋向劳动数据一体化(缩小贫富差距)。

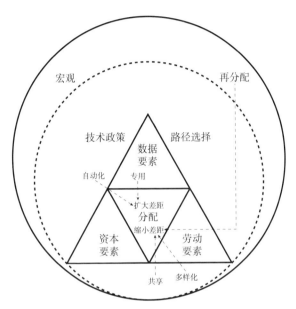

图 2-1 数据要素分配制度的拓扑图

在技术层,一国选择自动化(产业化)作为产业主导方向,则数据要素趋向扩大贫富差距(因为机器替代劳动),美国奥巴马时期开始出现这一现象;选择多样化(服务化)作为产业主导方向,则数据要素趋向缩小贫富差距(因为范围经济将创造更多劳动机会与多样化红利)。

在宏观层,无论技术取向如何、商业选择如何,一旦出现分配极化扩大,再分配都将向数据要素发出缩小贫富差距的信号和压力（如要求更多承担平台社会责任，对公共目标进行转移支付等）。

综合考虑，可以从以下三个方面确定数据要素的收益，并据此进行分配。

二、按效率原则，基于生产率确定商业收益

可以分别按共享与非共享两种方式区分商业收益；按有偿共享原则确定收益，符合共享发展与共同富裕原则。

第一种边际收益的确定方法，是雇佣制条件下的收益确定法，是传统方法。在工业化，即雇佣劳动条件下（包括社会主义雇佣劳动条件下），数据要素收益主要取决于要素的拥有者。理论根据是，产权（所有权）由拥有权（狭义所有权）、使用权、收益权、用益物权等构成。其中，收益权仅为拥有者的权利。劳动作为要素，只获得劳动力价值（工资），不具有财产收益权，即不享有数据要素的收益权。

第二种边际收益的确定方法，是共享经济条件下的收益确定法。按照共享经济两权分离规则（所有权与使用权分离），在数字经济条件下（如实行合伙制、链群合约等非雇佣制的条件下），数据要素的收益权分别归在所有权与使用权项下，即所有者的收益权与使用者的收益权，二者通过合约（如海尔链群合约）确定，目前中美市场行情为三七分成。

例如，在苹果商城模式中，按生产资料共享使用效果分成，二者比例为三七，平台得 30%，APPs 得 70%。分成即分享剩余。与第一种方法不同，劳动者获得剩余价值。

其中不同要素收益比重的确定，主要取决于风险与收益的相对关系，即高风险对应高收益（承担高风险者，获得高比例分成）；低风险对应低收益（承担低风险者，获得低比例分成）。但由于第二种方式的原因，低比例分成者（平台）收益的绝对值往往高于分散的高比例分成者。

两种方法目前都盛行于市场之中，二者区别在于劳动者是否参与收益分配（指剩余分配），按有偿共享原则确定收益，更加符合共享发展与共同富裕原则，但对劳动者有特殊要求，不能当懒汉，必须发挥创造潜力，且承担风险（主要是时间付出，但不要求财产损失，因为破产时，所破之产为平台所有）。政策应注意引导劳动者创业，少依靠自有资金与银行贷款，多共享平台数据要素。

三、按公平原则，基于权利确定分配收益

当数据要素通过竞争获得资源份额超过某一比例，而明显减少竞争者与消费者的选择机会时，通过干预手段（包括价格管制、反垄断、税收调节等），重新分配与确定收益比例，有利于按公平原则分配资源份额，保证市场主体权利平等。

这是当前兴起于拜登政府,受到欧盟积极响应的新布兰代斯学派的主张。反垄断的学理基础一直是芝加哥学派,其核心特征是不反对垄断状态,而反对垄断行为。套在互联网平台上就是,不反对平台的大,但反对与大有关的不法行为。如今互联网平台之大,在中美同时引起了监管者的警惕。中国把反垄断与资本无序扩张,作为主要财经工作之一。美国总统拜登宣称"以伯克法官为代表的芝加哥学派思想作为反垄断的指导思想是错误的",新布兰代斯学派借此迅速进入美国决策中心。

新布兰代斯学派摒弃了反垄断行为而不反对大的芝加哥学派立场,认为反垄断的目标不应该只是单纯的经济效率,认为某些垄断的结构("大")本身会带来损害公平竞争的威胁。具体来说,就是让人们(包括平台竞争者与最终消费者)失去选择的权利。一直就对平台之大不满的欧盟,在《数字市场法》中马上采用了新布兰代斯学派的两个核心概念"守门人"与"自我优待",认为平台会利用大本身僭越公共利益。

新布兰代斯学派代表人物莉娜·汗在引起轰动的《亚马逊的反垄断悖论》一文中指出:将竞争与"消费者福利"挂钩,定义为短期的价格效应——不足以捕获现代经济中市场势力的结构平台可以利用在服务过程中收集的企业信息,削弱竞争对手。她主张:通过改革反垄断法应对平台反竞争的特点包括加强应对掠夺性定价的法律,以及严格限制可能被企业用于反竞争目的的纵向整合。我们应该用立足于维护竞争过程与市场结构的框架,来替代消费者福利框架。

新布兰代斯学派将收益分配的重心,从分配结果(掠夺性定价往往会增加消费者福利)转向分配机会(从大而不倒转向因小而美)。

中国可以借鉴新布兰代斯学派关于机会公平的收益分配思想,但应防止因此在与美国平台差距尚大时削弱我国互联网平台的国际竞争力,并防止少数中小企业利用政府寻租(借政府之手打击竞争对手,干扰市场正常竞争)。

四、按公共原则,基于宏观均衡确定公共收益

确定数据要素的收益,还应考虑公共收益,即国家财政权益。尤其是当提供数据要素的平台租金盈余大到引致社会贫富差距扩大时,出于解决有效需求不足的理由,可以考虑包括平台税在内的特殊税负政策,从宏观经济全局进行私人资本与公共利益之间的收益再分配。

新布兰代斯学派代表人物之一,巴里·林恩在《新垄断资本主义》中认为平台建立了"私人税收体系"。欧美目前正展开对"苹果税"的司法辩论。

建议我国对"苹果税"问题进行深入研究,重点区分其中双边市场与平台业态关系,区分外部品牌(包括实体品牌)与平台内品牌之间的投入产出关系,从中合理剥离出涉及公共收

益的部分,与保护平台企业产权、互联网营商环境及国际竞争力等因素相平衡后,综合考虑确定宏观利益再分配的相关税收与企业转移支付政策。

第三节 数据资本资产定价的研究对象与方法

从资源配置角度,将数据要素定义为作为中间产品投入,并具有从最终产品中获得剩余回报的数据,以此区别于作为最终产品的信息、知识和内容。数据要素具有主体与权利属性,它具有授权主体作为产权主体,因此具有剩余索取权,这使它有别于只具有客体属性的数据资源。这是讨论数据要素的资本资产问题的前提。

数据要素的价值包括成本价值与实现价值,数据要素只有在最终产品中才能实现其资产的全部价值,最终产品可以是关于资产的服务(如云服务)、使用(如资产复用)、应用(如增值应用)、利用(如再开发)等。当把数据要素定义为中间产品投入时,意味着出现三个主体:一是平台方(中间产品提供方),二是应用方(中间产品需求方与最终产品提供方),三是消费方(最终产品需求方)。

我们可以认为数据要素资本资产定价过程，同时是这样一个价值实现过程，首先，由数据资本的所有者付出成本，生产（形成）数据要素；其次，将数据要素作为中间产品（引致效用），投入全生命周期中的下一个阶段（流通与使用），这一过程是所有权人对于数据要素的效用，在当前消费与未来消费之间权衡的结果；最后，中间产品投入形成的最终产品，将引致效用（间接效用）转化为直接效用，完成数据要素的价值实现。在价值实现过程中，数据要素的生产价值转化为实现了的利用价值。数据要素的所有权人可以选择在投入应用之前在单边市场进行交易，贴现其价值，但风险极大（随机贴现因子 β 较小），这更接近天使投资；也可以选择随价值实现过程，以空间贴现方式，从最终产品收入中分成，这更接平台上市。

一、数据要素定价中的资本资产定价过程

数据要素的价值包括生产价值与实现价值。生产价值是在数据全生命周期的采集、加工、制作等前期环节中，由资产形成的全部投入决定的价值；而实现价值是在数据全生命周期的服务、使用、利用、再开发等后期环节中，由资产全部完成的收益决定的价值。前者是存量价值，后者是流量价值。数据要素资产定价的主要困境是存量价值确定，而流量价值不确定，或者说，用传统资产定价方法测不准。

在数据要素的市场交易中,生产价值与实现价值的矛盾充分暴露出来。传统单边市场(如贵阳大数据交易市场)场内交易的特点是,把数据要素仅当作由成本价值决定的商品来交易,交易标的只是数据的存在状态(being)——只具有生产价值("基本价值")。这种价值相对它完整的收入——如把"使用价值创造的价值"包括进来产生的实现价值——而言,是不完全的。这带来了不同于传统要素交换的特殊现象——场外交易的活跃。场外交易实际承担的功能,是按数据的过程——根据价值的实现(即生成,becoming)——来为要素定价。

区别是明显的:把数据要素当作商品(而非资本品)进行交易,交易的是数据的状态价值(生产价值),买方对数据要素商品的这种基本价值的估价一般是极低的。在拼多多、淘宝上,几十个G的数据,可能只卖8—20元。我们称这种价格为状态价格,其主要是由重置成本决定的。

而这些数据一旦与价值生成过程结合起来,例如与具体场景确定价值实现的应用结合起来,往往具有成百上千倍的价值。但在商品交易中确定这种价值,是极不确定的。这说明,数据要素的资产定价是一个综合的过程,需要同时考虑重置成本与收益变化。仅从重置成本定价,对其生成价值必将是测不准的,会带来全面价值确定上的极大的不确定性。相反,如果抓住数据要素价值生成的流量变现特征,可以在随机贴现因子之外,找到极简的定价方法。实践证明,数据只有在应用中通过流量变现，才能充分发挥其价值和作用。这启发人们，对数据要素进行资产定价，需要有新的方法。这种新的方法，把流量空间的贴现，作为确定价值实现的主要方法。

根据现有问题确定新的方法，出发点在于如下认识：数据即数据之流，它不仅有状态的价值（存量价值），而且有过程的价值（流量价值）。想把流动的事物变为静态、孤立的"物"来变卖，注定会遇到实现价值测不准这一根本难题。作为状态的数据（以符号、文本形式加以固化、物化的数据），只有与人的活动——在具体场景（context）中对数据的利用、使用和流通、应用——结合起来，形成一个变化之流（价值生成之流），才可以构成完整的价值循环（生命周期）。这决定了作为流量数据的数据要素，需要结合流量变现来定价，结合应用过程中的价值实现，来确定它的全部资产价值。

二、数据要素定价的研究对象

（一）区分要素定价与资本定价

1. 数据资源、数据要素、数据资产概念的联系与区别：与实体资产的不同

数据资源、数据要素、数据资产，这些概念既有联系，又有区别。数据作为客体存在，无论是自然资源还是对象化产物，

都只处于原料、成本状态。只有与主体因素结合,才能转化为数据资本。数据要素只有与活的劳动(无论生产活动还是消费活动)结合,转化为销售收入,才被视为创造价值,成为经济意义上的数据资本。

数据要素是否创造价值呢?应该说,它是创造价值的条件,创造价值与分享价值,只能是主体的行为。数据要素可能以四种方式与主体相联系,一是作为数据要素的所有权人,例如授权者,则数据要素的部分价值归属于所有权人,这是归属权价值;二是作为数据要素的内容构成,如用户数据中的个人信息本身是有价值的,这是数据的使用价值(不一定是使用权价值);三是作为数据要素的使用或价值实现机会,如应用活动,所创造的价值,这是与剩余索取权联系的使用权价值,其中又可细分为所有权人的使用权与非所有权人的使用权(如用益物权);四是作为数据要素的价值实现条件所包含的价值,如流量中的交互所带来的互补价值(即一加一大于二的部分)。

关于数据资产一个最低限度的理论基础概念,是权利用尽原则。"权利用尽是指知识产权人一旦把产品销售或交付给新的所有者就必须放弃对产品的某些控制权。我们说这些权利已经用尽,是因为权利人无法再控制新的所有者对该产品的许多使用方式。"[①] 传统资产定价不太涉及权利用尽,是因为实物随着所

---

① 亚伦·普赞诺斯基,杰森·舒尔茨. 所有权的终结:数字时代的财产保护[M]. 北京:北京大学出版社,2022:35.

有权转移，使用权也完全归新的所有权人拥有。原所有权人不能再控制卖出的东西的使用。而数据要素不然，其价值的主体部分，可能是在"销售"（实际是通过许可，转移使用权）之后，与经营、使用结合才产生出来的。数据资产的"销售"并没有转移所有权。"销售"只是同一所有权下诸多使用权的权利束进行分割的过程。对数据要素的经营、使用过程，本身还在发生着权利交易。也就是说，在所有权交易之后，还有一个使用权进一步交易的过程。是过程，而不是状态，在实质性地决定资产定价。举例来说，脸谱平台上有数亿用户，许多的应用，数万亿条用户数据。流量数据由平台、应用、用户三方授权，其中，数亿用户构成的交互关系（流量）是平台的主要数据资产。如果单卖关系链，可能只是一个数据表。针对关系链的所有权交易门槛是相对较低的——用户可能免费享受流量的好处，应用方则付出一个会员费——真正的交易机会是在随后出现的。在中间产品转化为最终产品过程中，交易合约不是格式合同，每个实际产生销售收入的交易（无论是通过广告还是通过应用服务收费），是在这一流量与用户数据、具体应用结合时，具体地达成的，是场景化的。在这一过程中，平台方仍然可能参与经营（这与交易所交易明显不同），例如提供基础性的收费服务，利用大数据服务帮助应用方提高客流转化率。在这一过程中，平台有权利向双边市场中的某一方或多方，收取数据资产的使用费，这是数据资本的产权方未用尽的使用权。在围绕同一资源使用权的交易完成之前（其价值可能占总价值的90%以上），仅仅通过达成所有权的交易，是无法穷尽数据要素的价值及其权利的。

对数据资本来说，其不同于实体资本的主要之处在于，第一，实体交换中的"销售"（"购买"）是同时交换所有权与使用权；而数据交换中的"销售"（"购买"）只转移使用权（"许可使用"），不转移数据本身所有权（如版权），"销售"中转移的所有权，不是数据本身的所有权，只是数据载体（如光盘）的所有权。第二，需要处理"首次销售"定价与衍生服务定价的关系，例如划分版权与"权利用尽"的边界。

其次将交换的数据资本品分为中间产品与最终产品（最终服务）。中间产品定价，在此指将数据要素直接当作要素商品交换（不考虑增值）。只不过这里的商品是特殊商品，是资本品。其定价方式以直接定价为主，主要通过单边市场完成交换。

其中根据中间产品定价是否包含增值（剩余），又可进一步分为产品贴现与非贴现两种。非贴现，相当于拿要素这种中间产品直接当最终产品（商品）销售，此时定价适合用成本法，直接定价，成本之上的要素潜在收益不计入价格；贴现，相当于同时考虑要素的成本与收益，将要素潜在收益（增值）贴现为现值，一并计入价格，这时的定价原理与期权定价类似，属于间接定价中的一种。但对数据要素来说，由于风险极大，按期权定价，往往难以估算时间贴现（市场一般用风险投资方式定价，而期权主要用于经理人)。

2. 数据资本资产定价与数据要素定价的联系与区别

数据资本资产定价与数据要素定价既有联系，又有区别。联系在于，数据作为资本，是数据要素的存在形式之一；作为要素，其与资本、劳动力、土地、技术是并列关系。但从市场化定价角度看，数据作为要素交换与作为资本交换又有所不同。数据作为要素商品，可以在不考虑贴现因素的情况下定价。此时的要素，实际是当作一般商品来对待的。例如，在淘宝上，几十个 G 的数据，可能只值十几元。此时交换的只是它的潜在价值，没有完全实现出来的价值。数据的要素性质仅表现在，购买者把数据当作商品买回去，作为要素进行再投入，要素的原产权人对出售后的要素再无剩余索取权（法律上称为"权利用尽"）。数据资本资产定价却不同，一定要考虑它的潜在价值（本金）与实现价值（利息和剩余）。因此要素作为商品定价与作为资本定价是有重大区别的，这好比 M1 与 M2 的区别一样大。

从实务来看，作为商品定价时，市场的定位是单边市场，类似于贵阳大数据交易市场；而作为资本定价时，市场的定位是双边市场，可以是平台，也可以是风险投资市场那样的资本市场。现实的困境是，希望将数据要素作为数据资本来交易，但现实中的资本市场又没有发育成熟。作为一个基础理论问题，我们先要搞清楚数据要素作为商品定价与作为资本定价的不同。

这样才能避免现实中把资本市场办成商品市场，还以为是资本市场的认识与实践双重错位。

我们注意到，即使是风险投资市场那样的资本市场，也不是直接进行数据要素交易的，而是把数据要素与人的行为（创始人）打包在一起进行交易。其中的理论含义是把数据要素的所有权与使用权、潜在价值与价值实现能力当作完整的标的，以生态为单位——具体来说是以平台企业为数据资本的载体——来进行统一交易的。表现为以数据资产为主要资产的使用单位的市值为定价形式，完成传统资本在不同数据资产单位间的流动，从而间接为数据资本定价。国内有些人脱离实际地希望能够以对待期货的方式，把数据要素与数据要素使用及使用者分割开进行交易，这是在变相进行非常传统的衍生金融交易。正确的做法应当是把交易的重心放在为传统资本，而非为数据资本服务上。

3. 数据要素中资产的生态构成

界定生态由平台方企业与应用方（个人或企业）共同构成，依合约形成合作关系。简化生态中的要素仅为数据要素。

数据要素即数据资产，其中，要素分为资本要素与劳动要素，均以数据要素形态存在，例如主体作为流量的持有者而存在，形成数据化的资本要素与数据化的劳动要素。

界定生态数据要素资产，是生态之中的不变资本与可变资本之和，与企业不同，不变资本与可变资本对应不同的要素所有权人。不变资本对应的要素所有权人是平台方（企业），可变资本对应的要素所有权人是应用方（个人或企业）。这意味着，生态的可变资本，不是资本家付给工人的工资，而是由应用方（生态的"工人"）承担的投入。不排除应用方自身也是企业，也有自身的不变资本与可变资本投入，但这种投入加在一起相对于整个生态而言，只相当于可变资本的部分。因此要注意生态可变资本与企业可变资本，生态不变资本与企业不变资本在概念上的区别。前者是一个产权上的集合（集群）概念，是由不同产权主体形成的联合体（共同体），彼此是合作关系，在这个意义上生态与虚拟企业、虚拟企业联盟是同类概念（不同仅在内部结构是否存在统分结合双层经营）；后者是产权上的个体概念，以同一产权主体为同一单位，内部子集彼此是雇佣关系（包括委托代理关系）。

生态不变资本与可变资本之和，相当于生态水平上的资本与工资之和，分别对应生态中的固定成本与可变成本。与会计意义上的固定资本与流动资本有所不同，流动资本既包括不变资本（部分，如原料），也包括可变资本（全部）。

明确了这种区分后可知，数据要素或数据资产定价问题，不是一个问题，而是一个问题集合。需要把数据要素定价，分解为数据要素之中资本资产要素（平台方要素）与劳动资产要素（应用方），区别看待。生态从产权角度，可视为生态双方以资产（主要是平台资产）的使用权（转让与使用）为纽带建立的以使用权为边界的利益共同体。即双方同属同一个使用权，但分属不同所有权。

发生在生态（平台+应用）中两要素之间的交换，本质上是数据要素使用权交换，作为数据要素所有者（所有权人）的平台方代表生态的"资方"，承担的是生态的固定成本要素（即使平台企业内部可分出可变成本，如工资）；作为数据要素使用者（使用权人）的应用方（APPs）代表生态的"劳方"（大多应用方也确实以活劳动为主，即使带有自身的固定成本），他们之间的要素交换，双方根据最终产品与服务（以下统称最终产品）净收入（总收入－投资成本＋投资回报），平台方以数据要素的使用费（包括固定的进入费与不固定的狭义使用费）形式扣除生态固定成本投入（如平台基础设施投入）后获取投资回报（目前市场行情是30%）；而应用方扣除生态可变成本（以时间、精力为主）按比例分成（目前市场行情是70%）作为回报（要素收入）。这种要素交换与工业时代企业要素交换的一个明显不同在于：不是要素一方获得全部剩余，而另一方只取工资（成本），而是双方各自承担成本、分享各自的剩余。因此可以认为双边市场的主导属性是市场，而不是企业。

这时带来的不同于实体资本定价的特殊问题是，数据资本在要素交换中，既不同于市场（单边市场）定价，又不同于企业定价（以雇佣制为前提确定要素价格），而是一种新型的生态定价。下面重点研究这种生态定价方式。

生态定价中的数据资本定价指中间产品按最终产品（对数据来说，产品与服务不做区分。就数据的购销不转移所有权而言，所有产品都是服务。）定价。此时，中间产品定价是不确定的，它能确定的只是成本价格，其收益价格不取决于中间产品本身，而是取决于最终产品所获收入的多少。这个收入是以它为中间投入的最终产品的总收入。而最终产品的总收入具有不确定性。这意味着，中间产品的价值分为两部分：一部分是由成本法确定的成本价格，它是相对确定的，但只是潜在价值；另一部分是由收益法确定的，是从总收益中获得的分成部分，来源具有不确定性。存在不确定性是因为，哪些最终产品的中间投入能获得回报具有相当的不确定性。中间产品收益是总收入减去平台、应用双方投资成本之后的投资回报的某个合约分成比例。直到总收入得到确定，即最终产品实现价值后，中间产品的回报才得以最终确定。

4. 资产组合定价与金融资产、实体资产的联系和区别

数据要素是资产组合，其定价是资产组合定价，与金融资产组合定价相比较，两者既有联系，更有区别。

数据资本资产定价，是与数据要素定价相联系的。要在建立数据要素定价结构的基础上，从总定价结构中加以析取。生态要素的价格结构，可以视为由中间产品与最终产品的关系构成。

要素定价不同于商品定价（最终产品定价），它属于中间产品定价。就生态而言，需要对数据要素定价进行内部构成上的区分。区分标准，首先是根据定价中的收费模式是产品还是服务，分为按产品定价与按服务（使用）定价。数据要素整体定价不同于实体要素的一个特殊性在于，完整定价要将价值生产与价值实现（包括流通、使用）结合起来。按产品定价与实体定价一样，只根据价值生产定价。购买销售完成后，使用收益如何，不再影响定价；按服务（使用）定价——在实践中称为云模式，如SaaS——往往是产品免费，按服务（使用）收费，要联系收益（从购买方指使用效果，从销售方指服务效果）收费。

按最终产品（最终服务）定价，对数据资本来说，属于要素交换，突出增值"贴现"，其定价方式只能是间接定价。所谓间接定价，就是通过对最终产品的定价，间接为中间产品定价，是要素定价的一种基本方法。在现有理论中，要素交换（如资本要素与劳动要素之间的交换），是通过企业（合约）完成的。张五常视企业为一种特别的合约，即交换要素而非商品的"市场"。而数据要素的交换，并不在企业内部完成。它可以在直接定价的单边市场完成，也可以在间接定价的双边市场完成。

对数据资本来说，中间产品与最终产品提供者不是同一产权主体（所有权人），例如平台方是中间产品（数据资本）所有权人，应用方是最终产品（APP）所有权人（同时是中间产品的使用权人），间接定价的间接，就是指跨所有权定价，也就是一个所有权人的财产定价,要取决于另一所有权人的财产定价。条件是双方交换了财产的使用权。因为也可以认为,平台方在交换中,也交换了应用方人力资本的使用权。

以生态合约为基础的双边市场定价,其增值贴现的方式,不是时间贴现,而是空间贴现,即在同一时间,集中的平台方数据资产所有权人与分散的应用方数据使用者(其收益在空间上——谁盈谁亏——不确定)结合,根据最终服务与使用效果确定生态收益,在生态收益中再根据合约确定数据资产收益。

(二)资产组合:调和货币化与收入化定价的矛盾

在数据资本资产定价中,区分 Capital 与 Asset 概念有特别的意义。而对传统资本资产定价来说,区分两者没有特别的必要。

数据资本资产定价可以视为一类特殊的资产组合问题。它是资本所有权定价与资本使用权定价的组合。前者是货币化资产定价,货币化定价特指把具有一定实现潜力的价值,贴现为现值来定价;后者是收入化资产定价,收入化定价是指把资产的当前价值与其在未来销售收入中的价值实现联系起来定价。货币化定价估值的是价值存量,收入化定价估值的是价值流量。前者力图把流量化为存量来定价,后者力图把存量展开为流量来定价。

在一般研究中,人们对货币资本与资产并不做严格区分。

但有两个学派例外,一个是凯恩斯学派,坚持用交换价值来定义资本,而反对用使用价值定义资本,因此其资本特指货币资本。对资本的关注完全聚焦于所有权转移,而基本不关心所有权转移后,发生在使用(经营)中的价值变化,认为所有的使用都是同质的、无差异化的,无须离开市价另外估价(如场景化定价)。另一个是奥地利学派,坚持用使用价值来定义资本,而拒绝用交换价值定义资本。在他们看来,资本就是其使用价值(资产、生产资料),即迂回生产中的中间产品。同样数量的货币资本,在不同的使用(经营)迂回中,结果千差万别。因此重要的是资产评估,而不是货币资本套利。

在传统资本资产定价模型(CAPM)中,货币资本与资产的区别导致的定价中的矛盾并不明显。但对数据资本资产来说,矛盾却突出起来。资本定价与资产定价,可能结果不同。前者表现为货币化定价,侧重将收入流量贴现为现值,强调状态价值;后者表现为资产化定价,侧重将存量状态置于经营、收入之流中,突出过程价值。

表现在当前数据要素市场化思路上,一种思路坚持以货币化的方式(单边市场的方式)实现市场化,另一种思路主张以平台化的方式(双边市场的方式)推进市场化。用数学方法对两种思路进行标准化,认为在资本资产定价上,前者属于时间贴现,后者属于空间贴现,时间贴现与空间贴现互为特例与推广形式。时间贴现更加满足于数据要素与传统资本资产(如金融资本)一致性的方面,空间贴现则更体现在数据要素不同于传统要素的特殊性方面。

以货币化的思路对数据要素进行资产定价,其实践形式是用金融市场的办法,以数据交易所方式,对数据要素进行直接交换。优点是有金融资产交换先例可循,照猫画虎,简单易行。但存在场内交易不活跃这一难题。近年来我国上马近80个数据交易所,但第三名交易量已在1亿元以下。市场在用脚投票,不认同把数据资产当金融资产运作的方式。

究其缘由,这种思路的理论实质是基于交换价值与使用价值估值合一(租与买折合现值相等)的观念进行资产估值。这一观念不认同"数据只有在使用中才能充分发挥与实现价值"这一简单道理。默认依交换价值定价与依使用价值定价,在现期收入上没有区别。因此其隐含的资产定价思路,实质变成了对数据要素的现值货币资本定价,而忽视了数据要素在过程价值变化上的资产特殊性。

以使用权定价的思路对数据要素进行资产定价,是按资产定价中"资产"这个词的原意定价,实质区别在于以内生经营因素(要素使用价值与使用权)来定价。

按照新的思路,可将生态中平台与应用的要素组合,视为一类特殊的资产组合——同一个生态资产与众多生态人力资本的资产组合。生态均衡(均衡点 e^*)的本质,就是从实体均衡点(f,代表实体平均成本)出发,以 f 作为均值的起点(以中间产品为起点），经过无数空间离散的 APP 来分散风险，最后在作为终点（最终产品）的均衡方差处，形成新的稳定均衡点（e^*）的过程。

在此假设，平台资本是风险回避的。对应的实践是，平台方之所以向应用方开放（即有偿共享）生态固定成本，是希望将所有应用风险记在应用方的资产负债表上（其中应用无效的风险因资产复用被冲销）；相反，如果平台资产不是风险回避的，它将封闭经营，即由平台方直接经营 APP，将生态中平台统分两层，统一于同一个所有权（两权合一），将生态还原为企业，将外部范围报酬递增还原为内部范围报酬递增。

与纯资源配置分析有所区别，这里的风险，还包含了社会关系中的不确定性（如权力、心理、情绪、意向等方面的不确定性）。作为一个实际问题，体现在合约分成比例中，它不是唯一最优的，而是情境最优的。

三、数据要素与传统要素定价方法的不同

数据要素与传统要素的一个重要区别在于，数据要素主要以流量方式存在，而传统要素常以存量方式存在。数据要素资本资产定价与传统要素资本资产定价的一个重要不同，在于它需要将自身从存量（中间产品）转化为流量（最终产品）贴现。因此贴现的关键在于流量空间贴现（以下简称"空间贴现"）。流量变现

的实质是数据在使用中充分实现价值,从资产定价角度说,流量变现是数据作为要素的特殊贴现形式。流量空间,从资产定价的收益法角度讲,是指总销售收入(最终产品总销售收入)的分成空间。对双边市场来说,主要是指使用费的收费空间。

由于数据要素的特殊性,数据要素资本资产定价的一个总的改进方向是,从根据成本定价转向根据收益定价。基于按使用效果收费的实践,这里的根据收益定价,从按使用定价转向根据使用效果定价。

现有数据交易市场在实践中效果不理想,而数据要素市场化又亟待推进。这是当前数字经济发展遇到的一个突出矛盾。从矛盾背后暴露的问题看,迫切需要建立符合数据要素规律的数据资本定价理论。本章试图结合间接定价理论,建立一个数据资本定价模型。

数据资本是数据要素之一,数据要素的分析单位是共同体(共同体以合作制区别于企业,以风险分担、利益分成机制区别于雇佣制),即以使用权分成以合约为单位的利益共同体。数据要素作为流量,不可直接以实物方式呈现,而呈现为共同体的流量。流量是数据要素投入产出过程中数据要素投入的对应物,等价于数据要素。流量主要由共同体中各利益相关方——平台方、应用方和消费者——三方授权的形式形成。为方便起见,假定另外两方数据要素的产权对应的收益分别出清,其中总流量中归属消费者的部分,通过平台免费服务形式,以消费者剩余方式出清；归属应用方的部分，通过最终产品净收入中按比例分成（现实行情一般为70%）的方式出清，这部分收入在理论上定性为共同体可变资本的分成［注意，不是可变资本的成本（工资），而是成本加成］。而作为本章分析重点的数据资本，特指平台方数据要素（共同体的资本方），在理论上定性为共同体的不变资本，其收益通过与应用方的分成合约规定。

分析遵从消费资本资产定价（CCAPM），将需求分析与资本分析相结合。假定数据要素的主体是"一个人"（共同体），资本的生命周期是从投入中间产品到产出最终产品的全过程（全生命周期）。这是一个总的消费选择过程，即这"一个人"以总效用最大化为目标，权衡当前消费与未来消费的机会成本。平台资本代表对未来消费的选择，意味着这"一个人"中未来消费的人格化代表，将最终产品转化为中间产品，停止眼前消费，以获取未来更大消费；应用方代表对当前消费的选择，将中间产品转化为最终产品，意味着这"一个人"中当前消费的人格化代表（应用方是供方，消费方是需方），从生产资料中不断转化出生活资料，把资本的潜在价值转化为增值后的实现价值。二者的比例关系，决定了数据要素资本资产的定价。如果资产定价高于均衡水平，等价于平台应用分成比重向平台倾斜，对应共同体较低的风险预期（平台较高的无风险收益预期）；如果资产定价低于均衡水平，等价于平台应用分成比重向应用方倾斜，对应共同体较高的风险预期（应用方高风险、高收益）。

要素交换中的要素定价通过商品交换计价。流量是人力资本中的不确定部分，它由三方授权形成，具有资产互补性，依赖关系与互动，难以明确彼此界限。可根据收益法，与风险成正比确定剩余分割。生态合约等价于所有权人向使用者按效果有偿租赁的市场合约。按效果中内生了流量中的资产外部性，需区分有效与无效，分别计费。

数据资本资产定价，要解决数据资本的价值与价格不匹配的问题。资产定价的问题，本质是将一个现值与一个未来的销售收入相连。价值与价格不匹配就发生在现值与未来值不匹配之上。

从资源配置角度，将数据要素定义为作为中间产品投入，并具有从最终产品中获得剩余回报的数据，以此区别于作为最终产品的信息、知识和内容。数据要素具有主体与权利属性，它具有授权主体作为产权主体，因此具有剩余索取权，这使它有别于只具有客体属性的数据资源。这是讨论数据要素的资本资产问题的前提。我们可以认为数据要素资本资产定价过程，同时是一个价值实现过程——可以采用空间贴现方式，从最终产品收入中分成。所谓空间贴现，就是将时间上的现期＋未来转化为空间上的平台＋应用。以平台＋应用构成一个双边市场——这是一个具有企业分层功能的市场——数据资本以平台的固定成本投入为代表，作为中间产品，以有偿共享（按平台重资产与应用轻资产结合的使用效果收费）方式投入应用（APPs）。这时，确定的平台固定成本投入（数据资本的中间产品价值)与各不相同的使用效果(每个 APP 实现的不同的最终产品与服务定价收入)相结合,形成一对一的"中间产品+最终产品"组合,将这个组合作为一个集合,就构成了数据资本的定价。这不是一个历时过程(先后过程),而是一个统分结合的同时过程,因此与期权定价不同,它直接以数据要素的现实定价(而非期权中的未来定价)——由中间产品的使用(应用)所形成的最终产品定价——作为中间产品估值的结算根据。

从广义交易概念角度,可以区分数据要素的两种市场化方式,一种是以市场为合约形式的交易,一种是以企业为合约形式(将企业视为合约,是张五常的典型观点)的交易。相应地,存在两种资产定价方式——市场的方式与企业的方式——前者视资产为最终产品,对资产直接定价;后者视资产为中间产品,对资产间接定价。二者的主要区别在于,前者以使用(经营)作为定价的外生变量,使用权价值并入所有权价值计算,主要在所有权交易中完成定价,而将资产在使用中产生的未来的潜在价值,以时间贴现方式,并入资产所有权的当前价值;后者则同时依靠交易与经营共同定价,以空间贴现方式,使用作为定价的内生变量将中间产品空间集中投入与最终产品分散产出,显化潜在价值,将经营效果作为资产定价的内在要素。市场与企业两种合约的核心区别在于,市场合约外生外部性,没有产权成本;企业合约内生外部性,具有产权成本(及收益)。

在实践中,两种市场化方式可以分别通过单边市场、双边市场两种实际存在的市场来实现。

数据资本资产与一般资本资产的核心区别在于其具有影响定价的流量外部性，以市场化方式将外部性加以内部化，是数据资本资产定价的特殊性所在，也是其与一般资产定价的不同及难点所在。根据梯若尔的理论，依能否内部化外部性，将市场区分为科斯型市场（单边市场）与反科斯型市场（双边市场）[1]。梯若尔明确指出："科斯定理无效是'双边性'的必要非充分条件。"[2] 本书将这一理论引入资本资产定价理论，将数据资产的单边市场定价机制与双边市场定价机制，分别归结为时间贴现与空间贴现，认为二者存在特例与通则的转换关系。从而为辨析实践中偏于金融化的数据交易所定价机制与偏于数据特殊性的平台定价机制，提供了理论与政策分析的框架基础。

第四节 以数据深化主导金融深化

数据要素市场化不仅具有微观经济功能，而且具有宏观经济功能，以下从数字经济中的金融抑制与数据支持之间的关系入手试图分析这个问题。

---

[1] 让·梯若尔. 创新、竞争与平台经济 [M]. 北京：法律出版社，2017：80.
[2] 让·梯若尔. 创新、竞争与平台经济 [M]. 北京：法律出版社，2017：76.

人们眼下对数据要素市场化的理解，往往是通过金融手段，为数据要素融资，以支持数据要素的市场流动配置。而数据要素市场化还有更深一层含义——数据深化，指数据要素替代金融要素，以融数替代融资，以非一般等价物流动（数字化的"物物交换"）替代一般等价物流动，直接进行流动性的配置。不是为数据解决资金问题，而是用数据来解决资金问题。

在本章中，金融抑制是指抑制由特殊利益操纵的金融杠杆，复归金融服务实体经济的天职。数据深化则是指，第一，将对数据资源的利用，深化为对数据资产的利用。人们不仅可以把数据当作商品用于消费型使用，而且可以将其当作资本用于经营性使用，由此构成资金替代。第二，通过数据创新，利用数据流动性，发挥数据资产替代货币资产配置资源的优化作用。

在数据深化中进行必要的特定金融抑制，与金融强国目标是一致的。金融强国，重在"强国"，前提是坚持金融工作的政治性和人民性，正常发挥金融功能，不为国际金融资本与官僚金融资本挟持；同时以专业化金融为基础，以数字化主导的信息透明化为导向，为实体经济服务，真正实现高质量发展。

一、当前金融市场功能不足及配置、分配功能失调的主要表现

当前，中国经济运行中并不缺乏资金，但资本市场却因缺

乏资金支撑难以发挥枢纽功能。金融与高质量发展要求存在较大错位，表现为货币政策失灵、金融脱实向虚等不正常现象。

（一）货币政策失灵

货币政策失灵由许小年首先在 2018 年提出，指央行放出来的货币不能转化为实体经济所需要的信贷。背后的问题在于，银行即使有资金，也放不出去，导致产能过剩，供大于求。现在短缺的不是资金，而是找不到能够产生足够回报的项目。

实际情况是，中小企业中广泛存在"能够产生足够回报的项目"。一方面银行贷不出去款，另一方面有足够回报项目的企业又贷不到款。这很大程度上是因为金融的服务方向存在系统的而非个别的问题，金融正在特殊利益诱导下失去信贷正常配置功能。

（二）金融特殊利益形成

恒大因高杠杆而爆雷，不是一个偶然事件。2015 年是一个问题点。当年 5 月，国际评级机构把恒大长期企业信用评级下调至"B+"，展望为负面，而中诚信国际、大公国际、联合评级却反向操作，给予恒大最高信用等级 AAA，评级展望为稳定。凭借 AAA 光环，恒大一步跨上高杠杆"撑竿跳高"的起跳点，仅 2015—2017 年，恒大的债务规模就从 6149 亿元跃升到了 1.52 万亿元。2021 年出事到如今，只是量的进一步膨胀。

这不是个例，可以隐约看出，金融界在劣币驱除良币现象背后，正在形成一个有悖于国家利益的金融特殊利益集团。其特殊利益的表现在于，不为国家引导（服务实体、服务中小企业）所动，一而再、再而三固执地朝着利己害他的方向膨胀。继续发展下去只会成为祸国殃民的买办金融资本与官僚金融资本。"庆父不死，鲁难未已"，不抑制这种"庆父"，中国实体经济将不得宁日，必须进行适当抑制，以控制金融风险，保障金融安全。

二、解决问题的实践探索：以数据深化带动金融深化，迫使金融支持实体经济和中小企业

（一）以数据深化抑制金融特殊利益

在数字经济中，数据要素的市场化，会抑制由特殊利益操纵的金融杠杆，并基于更先进生产力，以透明化方式更好服务实体经济发展。

金融业不断出现恶性加杠杆的乱象，直接违背了国家反复强调的房住不炒，金融为实体经济服务的方针。这不是偶然的。加杠杆本来是为了优化资源配置，但现在的实际是，流动性在房地产、金融业内部空转，不仅没有优化配置，反而配置到像恒大这

样的劣质资产上。是不存在优质资产吗？并不是。处于"资金难"中的中小微企业，其实投资回报更高。但金融业受传统生产方式影响，更愿意投向"三大"（大城市、大企业、大项目），而不愿投向占实体企业多数的小微。以背离国家利益、实体经济和民生的这种金融资本逆向扩张，才是真正的资本无序扩张。

对此，应从转变生产方式入手，推动金融从"单一品种大规模"的"三大"模式，转向"小批量多品种"的小微模式。具体而言，即通过数字化中的资本深化，以信息透明、适合服务小微企业的数据资本服务逐步替代信息不透明、自发倒向"三大"模式的金融资本服务，形成两种生产方式的竞争，迫使金融归位，共同服务实体经济。

如果金融主体出于本位或特殊利益，不愿接受政策引导怎么办？我们认为，可以"为杠杆而杠杆"，对失去配置功能的空转部分进行金融抑制。减少流动性空转，降低其在经济活动上的占比，转而把工作的主要精力，放在以数字化为实体经济、中小微企业配置资产（资本使用价值）上。

（二）高度重视数字时代数据资产复用这一新实践在化解资金难中的作用

进行必要的金融抑制，并不会损害经济发展，因为数字经济提供了一个"后手"，通过提高资产复用活动占比，以增量部分替代金融功能。

实践中已出现了这种边抑制、边替代、边竞争的数据深化。就在恒大"起跳"的2015年,备受"资金难"熬煎的中小企业,在被"恒大们"占用了银行贷款后,不得已开始了一场资金替代的"长征"。利用"拷贝M2犯法,但拷贝M2买的东西(生产资料)不犯法"这样一个简单道理,由平台提供0、1代码的虚拟生产资料(如虚拟店铺、柜台),有多达1000万家以上的中小企业,以盈利交租,破产不欠银行(只需注销0、1代码)的新融资方式(融资产而不融资金),摆脱了"金融硕鼠"的控制,实现了中国生产资料系统以租代买的伟大历史变迁,以资产复用这种"直接融资"(融资产)新方式,提高资金使用效率,实现了金融没有实现的新服务功能。这可有效解释2015年后中国固定资产投资被大幅度替代,中小微企业在缺资金条件下以复用资产替代直接融资的创新。发改委称为推动生产资料数字化和生产资料使用权共享,国家数据局推出的"数据要素×"三年行动计划,可以认为是以信息的乘法与物质、能源的除法共同推进实体经济的集约化。做好数据要素的乘法,从某种意义上也可以缓解金融投入房地产空转的耗费。

金融服务实体经济的功能,要通过把有效资金(资本的价值)转化为有效资产(资本的使用价值)来实现。人们衷心希望金融业回到国家政策引导的方向上来,真正为实体经济和中小微企业服务。如果金融自我放弃这个功能,信息将强制替代它发挥作用。数字化最"简单粗暴"的替代方法,就是复用资产。数字化生产资料有偿复用可以解决中小企业"苦等不来小微贷,破产还要欠银行"的长期难题。数字化的先进生产力与数据要素的市场化,给了中小企业以市场方式化解"资金难"的底气,也提供了国家在金融之外支持实体经济和中小企业的另一种选择。这种选择间接带动了数字时代的金融创新。

事实证明,金融强国需要数据生产力的强力支撑,需要数据、金融两手抓,两手都要硬。以数据带动金融,以金融促进数据,结合一般等价物(货币)与非一般等价物(数据),共同进行资产配置与分配,走出一条以人为本,服务高质量发展实体经济的中国式现代化的新路。

第五节 谨防数字经济中的服务业供给抑制

数据要素市场化的最主要产业结果,就是服务业尤其是信息服务业在国民经济占比中的提高,以及生产性服务业在服务业占比中的提高,这将成为产业体系现代化的重要推动力。然而,发展数字经济要防止出现逆向的服务业抑制,使数字产业化的赋能效果充分释放出来。

ICT（信息通信技术）革命被称为一个"服务业的故事"，这是自 2004 年以来国内外经济学家对数字经济本质认识深化的结果。从中可以看出新技术革命的经济着力点所在。从这个角度观察当前经济形势，应避免互联网监管与供给侧结构性改革形成两张皮，造成服务业供给抑制的政策效应。

最近这两年来，中国的互联网经济发展出现较大的波动。人们往往较多关注这种波动对企业微观主体的影响，而较少考虑其对产业结构的冲击。如果站在供给侧结构与产业政策角度看问题，会发现这种波动在监管的本意之外有扩大中国经济整体短板的副作用，其效果相当于某种供给抑制政策。在供给、需求与预期三策并出的背景下，及时调整供给侧结构对策，是一个当前需要重视的问题。

中国自 2012 年后，进入从制造到服务的结构转型进程中。这一过程同时也是工业化向数字化转型的过程。与高收入国家同类发展阶段相比，中国经济结构存在一个显著异常与突出短板，即服务业在 GDP 与就业中占比相对偏低。对其中原因学者多有分析。总的来说是传统经济对新的经济模式不适应，阻滞了新经济的正常发展。中国以制造业为主的传统经济实在是太成功了，却也因此为成功所累，一直到制造业产能过剩，仍不肯为日益增长的服务内需与服务业发展腾笼、让路。这个问题日积月累，现在正变得严重起来。表现为，本来该有的内需潜力没有充分发挥出来，该有的服务供给受到抑制。疫情与互联网监管进一步放大了这个问题。

中国社科院世界经济与政治研究所副所长张斌认为结构异常的一个重要原因是存在针对服务业的供给抑制政策。比较世界经济与中国经济发现，"存在大量管制政策造成的供给抑制"，"过度和不当管制制约了中国私人部门服务业的发展"[①]。张斌举了一个例子，比如管制方面制定的标准，超出大部分从业者的能力，导致他们都成了非法经营，这起到的作用是逆淘汰。互联网企业多出在服务业领域，对此有许多切身感受。

对以互联网企业为主体的服务业发展采取供给抑制政策，可能是无意的。也就是说政策的初衷可能不是抑制某种产业（而可能是维护市场秩序、调整生产关系、巩固基本经济制度等），但实施起来却具有产业抑制效果，并且抑制的方向都在服务业上。这些效果的共性是"生产要素不允许流动"，第一类表现是资本抑制。资本从制造转入服务是有序扩张，在充满不确定性的数字经济领域，企业多元化投资是针对市场不确定性的风险投资，分散风险并非"无序"。但是一旦使企业产生错误预期，客观上就会造成本该进入朝阳部门的资本回流夕阳部门，"生产要素得不到充分利用"。第二类表现是就业抑制。举例来说，夕阳产业下岗1名售货员，可能换来在朝阳产业就业1000名快递员。但如果站在夕阳产业就业角度，偏向维护竞争力不

---

① 张斌. 从制造到服务：结构转型期的宏观经济学[M]. 北京：中信出版社，2021.

强的工作岗位，抑制新技术、新商业模式的导入，就可能会抑制更多的就业岗位配置在容纳空间更大的服务业中。甚至一篇描写夕阳产业菜农惨状的报道只要足够生动，就可以大量抑制比其更具效率的朝阳岗位的增加。

经济结构新旧交替当然是越平滑越好，但大方向不应搞错。关键是要切实转变观念，牢固树立从数量型发展向质量型发展转变的新发展理念。要认识到，"高的管制需求和管制供给往往会促成过度管制，通过竞争提升服务质量和数量的通道也因此受阻"。产业政策当然不是全部，但把握产业推陈出新趋势，应成为关键时刻不缺位的考量。应通过发展新质生产力，促进产业结构向现代化方向升级，从传统产业向未来产业更多配置就业。

第三章

数据监管与平台经济

第一节　充分肯定平台发展的积极意义

平台经济是数字经济发展的核心部分，有世界级的平台，才会有世界级的数字经济。中国、美国有世界级的平台，因此才有资格在数字经济上进行世界级的合作与竞争。欧洲多个国家加在一起都没有一个世界级的平台，因此它们与中美之间，已谈不上平台国际竞争。在中美之间的竞合中，数字经济将决定未来，而平台是一个未定之数。此刻，对平台发展采取什么态度，应基于这种大的判断，而不是基于某个特殊利益、某个局部得失。当前，美国超级互联网平台，正处在急剧扩张的前夕，大的并购随时可能发生；而我国互联网平台，本来就与之存在差距，最近又受到内外夹击，内部纷纷裁撤投资部门，外部面临中概股被一锅端前兆，一旦乱了阵脚，可能形势瞬间改变，造成不可挽回的损失，沦为欧洲那样的二流角色。在此历史关头，正确的选择是，从大局出发，充分肯定平台发展的积极意义，支持平台经济规范健康持续发展。

问题涉及多个方面，其中一个关键问题是，平台发展与反垄断、防止资本无序扩张到底是什么关系，尤其是如何看待"无序"？一般来说，与发展构成矛盾的，是规范。可以认为反垄断、防止资本无序扩张属于规范这个大范畴。平衡的做法，是发展与规范并重，在发展中规范，在规范中发展。这一点应该形成共识。需要进一步辨析的，是对无序的分寸把握。在资本无序扩张问题上应坚持的底线，是两个不动摇。但是，可不可以认为，平台与私人资本是一方，公有制是另一方呢？这样看太简单化了。如果将平台与私人资本画等号，会导致把防止私人资本无序扩张操作成限制平台扩张。

事实上，平台业态由平台企业与应用企业共同构成，平台业态不等于资本，资本只对应平台企业；平台企业可以是私人资本，也可以不是。从所有制角度看，平台业态不同于传统私有制，也不同于传统公有制。其新的产权特征在于所有权不变，使用权共享。平台业态作为平台方与应用方的集合，这种发展在所有制方面的积极意义在于，它是一种生产资料共享（按使用效果有偿共享生产资料）与合作分成（平台方与应用方，包括个人，不是雇佣关系，而是合作关系）。这两个关键方面，都可以从总体上纳入合作制的范围来认识。如果私人资本在分成上不公平，可以通过微观机制（转型社会企业）与宏观机制（数字税）调节，但绝不能认为生产资料共享与合作分成与巩固和发展公有制经济有什么根本性矛盾。正好相反，生产资料共享与合作分成（包括劳动者分享高比例剩余）是人民群众的伟大创造，其中可能包括某些社会主义初级阶段之后才能真正认识清楚的潜在意义。这个潜在意义指向一个方向，即以市场经济的方式实现共享发展（特别是共享生产资料发展）。当前，即使公有制企业，也还是在雇佣制（劳动工资制）的范围内发展，平台作为合作分成制的发展到底意味着什么，要经过实践检验才能判断。基于这个最基础、最基本的积极意义，当前不应将平台经济一棍子打死，至少要留个活口，等到我们的认识与总结清楚，再下结论不迟。

面对历史，我们应有敬畏感，承认有我们认识不清楚的事情存在。当认识不清的时候，最好的办法就是实事求是，沿着实践去求是，而不是沿着教条去实践。对《所有制的终结》（亚伦·普赞诺斯基、杰森·舒尔茨著，北京大学出版社，2022年）这类我们一时认识不清楚的事情，可以让子弹飞一会儿。否则，一旦失手，将在国际生存竞争中遭到最严厉的惩罚——因为没有批判的武器，而遭到武器的批判。

第二节　数字经济新监管体系思考

一、当前形势："十四五"中期我国数字经济治理情况评估

《中华人民共和国国民经济和社会发展第十四个五年规划和2035年远景目标纲要》第十八章提到营造良好数字生态，要求

"坚持放管并重，促进发展与规范管理相统一，构建数字规则体系，营造开放、健康、安全的数字生态"。因此，数字经济治理的评估重点在数字生态板块。

通过2020年至2022年的中期评估可以看出，国家提供政策支持环境，采取专项行动；地方持续营造良好环境，推动相关产业发展；产业启动数据化进程，探索交易规则；市场应用创新，提高资源利用率，这些都共同促进了我国数字生态建设。可以看出，发展相关指标相对滞后。与监管、安全相关指标得分偏高，比如出台的政策之多，数据安全法律法规文件方面，国家法律制定颁布14个，国家行政法规、部门规章制定发布95个，地方性法规、规章制定颁布40个；有关数据要素的中央政策文件11个，地方政策、法律法规40个。但从数据服务业的发展来看，近三年急速下降。

全国新型智慧城市数据体系建设情况。据国脉互联数据，2020年我国31个省与直辖市新型智慧城市数据体系建设得分均值为0.58，2021年下降为0.57，2022年大幅上升至0.92。以政务数据推进公共数据汇聚利用的进展水平持续加强。

政务数据和公共数据存在的主要问题。当前政务数据和公共数据存在的主要问题是数据不通，特别是因政务数据不通引致的公共数据不通。第一，政务数据依然存在供需对接不畅、共享应用不充分、标准规范不统一等问题。表现在四个方面：一是数据资源质量不可控，二是数据共享流程不清晰，三是数据资产要素不关联,四是数据治理全程未统筹。第二,公共数据存在数据标准不统一、数据质量参差不齐等因素,使得公共数据在实际场景中的应用深度和广度不足,深度挖掘的潜力没有得到充分释放。

未来发展趋势。未来发展趋势体现在五个方面的升级中:一是数据服务能力建设升级,二是产业变革融合升级,三是场景应用多元升级,四是标准规制落地升级,五是安全底线系统性升级。我认为,我们应该注意常态化监管面对的新课题——治理过程中需要符合生态的规律。生态在经济学中是指"外部性",我认为数字化本身就具有生态的内在特点,一方面需要从产业发展的生态规律进行治理,另一方面需要从政府治理的生态规律进行治理。

二、开展透明可预期的数字经济常态化监管

从操作层面看,如何完善制度,提出的主要概念就是常态化监管,党的二十大提出创新透明可预期的制度环境,全面提升常态化监管效能水平,为不断做强做优做大我国数字经济,促进数字经济高质量发展,推进中国式现代化提供强有力保障。

(一)对生态化治理的思考

1.创新完善常态化监管制度体系

"透明可预期的数字经济常态化监管"应是规则透明、过程

透明、结果透明,是通过健全法律法规和政策制度、完善数字经济治理体系,实现政策的确定性和稳定性,从而营造公平竞争的市场环境,推动企业和产业长远持续健康发展的新型监管。

目标的战略方向:把握新一轮科技革命和产业变革新机遇,促进数字技术和实体经济深度融合,不断做强做优做大数字经济,更好助力经济总体回升向好、赋能高质量发展。通过政策的制定主要解决其中人为因素产生的影响,一是透明:规则透明(监管规则要透明,以稳定市场的预期),过程透明,结果透明。二是可预期:健全完善法制与治理体系建设,即增强监管的可预期性,健全法律法规和政策制度,不断完善数字经济治理体系。三是强化系统观念:一方面是加强跨部门协同和上下联动,包括加强部门协调、法治保障、社会协同、公众参与,建立健全与平台企业的常态化沟通交流机制;另一方面是协调政策的制定和施行。

2. 统筹处理好四个关系

处理好发展和规范的关系。早期的时候提出"先发展再规范",到后来"边发展边规范",再到"先规范再发展",我认为规范和发展是协调发展的关系。一是坚持法治为先,坚持权责法定、依法行政。法定职责必须为,法无授权不可为,用法治给监管明规则、定规矩、划界限,将数字经济监管全面纳入法治轨道,以法治化、制度化、规范化的数字经济常态化监管维护经营主体合法权益，助推数字经济高质量发展，真正提升公平、效率和活力。二是坚持发展优先，监管协同。在安全框架范围内首先尊重和支持数字经济新业态的发展，避免监管不到位或监管过度。

处理好当前和长远的关系。坚持生态观念，要求统筹发展与安全、当前和长远，有效整合各类监管要素、资源和力量，加强多元利益主体互动协商，一体推进数字经济常态化监管制度创新和体制机制建设，不断提高规则统一性、政策一致性、治理协同性，加快建立全方位、多层次、立体化监管体系，优化事前事中事后全链条全领域监管，全面提升政府数字经济综合监管效能。

处理好市场和政府的关系。政府目前干预过多，如何充分发挥市场作用？我个人认为还要发挥生态的作用，探索适应数字经济新型生产要素发挥作用的规则体系。从市场实际出发，构建分级分类的数字经济常态化监管治理体系，量身定制适当的监管规则。

处理好国内和国际的关系。放眼全球视野，准确把握数字经济发展特性和创新规律，结合数字经济监管事项风险特点，将国家安全、网络主权、经济发展、企业的国际竞争力与国际标准、规范有机结合起来，以更好服务于数字经济国内、国际双循环。

（二）生态化治理发展路径

建立生态型治理的新规制思路。也就是上文提到的处理好几重关系。坚持统筹发展与安全、当前和长远，有效整合各类监管要素、资源和力量，加强多元利益主体互动协商，一体推进数字经济常态化监管制度创新和体制机制建设，不断提高规则统一性、政策一致性、治理协同性，加快建立全方位、多层次、立体化监管体系，优化事前事中事后全链条全领域监管，全面提升政府数字经济综合监管效能。

体现社会治理共同体理念。党的十九届四中全会提到"必须加强和创新社会治理，完善党委领导、政府负责、民主协商、社会协同、公众参与、法治保障、科技支撑的社会治理体系，建设人人有责、人人尽责、人人享有的社会治理共同体"的理念，讨论问题必须全面。

事前优化规则制定科学容错。一是提升监管政策适应性、前瞻性；二是改善监管体系的容错性，比如通过实验试错，减少决策前的风险；三是探索新治理方法，提升企业的参与性；四是积极利用新技术，降低事前监管成本，提升监管效率。

事中推动规则执行过程创新。一是保持监管体系的稳定性与韧性，比如是否有弹性监管，不同情况有不同的监管；二是强化监管体系的敏捷性；三是提高执法的规范性；四是提升监管的创新性；五是降低合规成本，鼓励企业创新。

事后探索规则实施后评估。一是加强信息反馈，避免层层加码；二是加强事后评估，比如引入没有利益关系的第三方评估；三是加强问责体系建设。

最后，引用习近平总书记的话概括，"党委领导、政府负责、社会协同、公众参与、法治保障"五位一体，通过多方参与共同推动实现数字经济治理体系与能力现代化。

第三节　在平台治理中建立评估市场作用

一、定位生态均衡

首先定位生态均衡与传统均衡在数学上的区别。

图 3-1 中，e^* 点是生态型市场的均衡点，而 f（或 i）点是企业型市场的均衡点，阴影部分就是外部性的市场内部化空间（有偿搭便车空间，一般由向平台交纳的会员费、使用费构成），Q 点右侧为外部性无法内部化的空间（无偿搭便车的空间）。需求曲线从 d 向 D 的移动，代表外部性（技术上的网络效应）由小到大的过程。企业型市场在此指因企业产权明晰而不存在外部性的市场，即适用于科斯定理的市场；生态型市场与之相反，是指因使用权共享可以将外部性加以内部化的市场。

二、市场失灵与政府失灵的判别

（一）是否存在市场失灵：基于 HGT 的判别

在数字经济发展中，与政府失灵的可能性并存的，是市场失灵。与工业经济不同，这种市场失灵是生态型市场的失灵。当生态型市场失灵时，需要正确发挥政府作用。

生态均衡点如图 3-1 中 e^* 所示，它代表自然率水平的均衡定价。市场失灵与否，取决于在位平台企业。

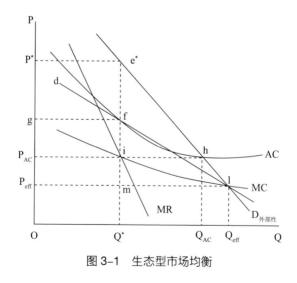

图 3-1 生态型市场均衡

如图 3-2 所示，市场失灵表现为 AC^+ 曲线凌驾于 AC^* 之上，这代表作为超额利润的租金盈余系统的出现。它使市场偏离均衡,而且是生态均衡。这时的 P^+ 并非均衡价格,而是一种市场权力带来的过高价格。其中利润可能被垄断性的生态型的平台企业与应用企业所瓜分。

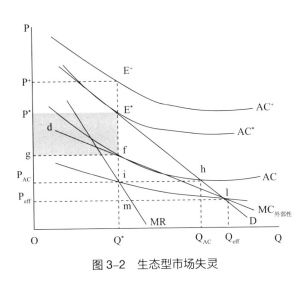

图 3-2　生态型市场失灵

生态型市场失灵的发生,有其客观必然性。这种必然性在很大程度上是因为,均衡价格 e^* 很难被包括平台企业在内的市场主体所确切感知。

平台企业可以直接感知的是其本身所投入的实体固定成本,但整个生态内生外部性后的固定成本在 E^* 还是 E^+,是不容易确切感知的。收租达到多少,会触及 E^* 的上限,也是一个近乎宏观的问题,很难在市场中感知。

从理论上说,亨利·乔治定理(HGT)可以作为自然率水平上的均衡价格的重要参照标准。HGT 表示为 R=G，即租金等于公共物品。我们可以把它理解为 R=T，T 代表税。租等于税，就是 e^* 的临界点。

根据 HGT 定理，当 $\Delta R=\Delta T$ 时，均衡 e^* 达成。其中的含义是，无论用租的方式提供 p^*E^*fg，还是用税的方式提供 p^*E^*fg，二者都是等价的。p^*E^*fg 是指可以加以内部化的外部性，或用租的方式内部化，或用税的方式内部化，二者在 E^* 处是等价的。

以此为基准判断生态型市场失灵，P^+ 代表的是租高于税：R>T。背后存在着一个由 AC^+ 代表的市场势力（权力），利用人为的交易费用设租。举例来说，知网生态形成后，开始对下载论文确定一个高于自然率 E^* 水平的定价 E^+。由于不存在一个知网的替代者与之竞争，人们无法确知 E^+ 背后代表的平均成本 AC^+ 是不是真实的成本，抑或只是凭借市场权力索取的暴利。这时最好的检验方法，就是重新引入平台竞争，看平台竞争达到稳定后的定价还是不是 E^+。

当 R>T 时，生态型市场就会失灵。人们认为，既然由私人部门提供的外部性产品的价格高于政府提供时付出的代价，政府将这项服务从私人部门赎买下来，再以税收方式提供，就显得更为合意，这是第一种选择。作为替代的选择，政府为了矫正这种市场失灵，也可以设立准入资格，然后重新引入竞标，特许出价合理的平台重新进入这项服务，这是第二种选择。第三种选择，是直接进行价格管制，包括对平台中间产品的价格管制，也包括与价格管制等价的多重归属条件的放宽（这意味着应用方可以用更低的进入价格或使用价格利用平台资源）。

当然，也不排除一些由于应用方行为造成的市场失灵，最典型的就是刷单（伪造信用）和假冒伪劣等造成市场上信息不对称的行为。由于作为单一节点的应用方并不能对外部性整体造成显著影响，因此可以直接采用与单边市场同样或相近的方法来加以治理。

（二）是否存在政府失灵：权衡租与税的 HGT 基准

判断是否存在政府失灵，也可以根据亨利·乔治定理（HGT）建立一个基准，当 $\Delta R = \Delta T$ 时，均衡 e^* 达成。

对应的实际是：把能够产生相互外部性（网络效应）的流量作为公共产品（或准公共产品），流量需要以平台投入作为固定投入来形成。用税的方式来提供，这个平台将定位为公共基础设施，通过准入限制来设定其经营门槛，它与公路、铁路、电信网络的性质相同；如果用租的方式来提供，同样的平台则可以定位于应用基础设施，或商业基础设施，政府一般不设立准入限制。但二者之间并没有绝对的界限。HGT 在这里相当于假设同样的具有外部性的产品，可以在国有与私有之间进行平滑切换的选择。例如法国经济曾在国有化与私有化之间来回调整，针对的是"已经具有和将要具有为全民服务或事实上具有和将要具有垄断性质的财富和企业"（1946年法国宪法）到底是用租的方式运作，还是用税的方式运作。

以此为基准判断面对生态时的政府失灵，假设原有的租值 R^* 水平在 P^*。P^- 代表的是将税压低到均衡的租之下：$R^*<T$。例如，新布兰代斯学派认为超级平台损害了消费者权益，为此采取他们认为的代表公共利益的行为（等价于税的行为）压低平台所得。

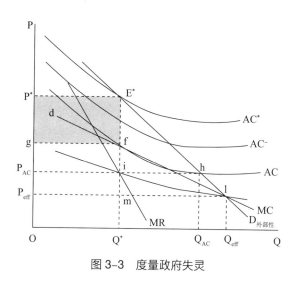

图3-3　度量政府失灵

这相当于背后存在着一个由 AC^- 代表的政府干预权力，将自然率 E^* 水平（原有的租的水平）的定价压低到 E^-，其实际效果等于以税代租。但这样做，等于将 D 向 d 的方向压缩，也可能牺牲相应的来自外部性的福利（在 D 与 AC^- 的交点上对应的流量 Q，低于 Q_{eff}）。打个比方，法国国有铁路部门背负巨额债务,保持铁路工人的高工资,被认为降低了社会效率,马克龙当前就面临改革的压力。这说明以税代租一旦降过了均衡所代表的自然率,可能付出社会效用损失的代价。

当 R<T 时,生态治理就会出现政府失灵。既然由私人部门提供外部性产品对资源的利用水平 E^* 高于政府以税收提供时,政府不向私人部门压缩这部分租值空间,将租转化为税,可以提供更多的外部性福利。

第四节 反思竞争政策失灵

发展数字经济,需要以生态均衡为尺度,把握好市场作用与政府作用的关系。生态是指"平台+应用"构成的企业集群(图 3-1 中的"平台 $P_{eff}IQ_{eff}O$" + "应用 $P^*e^*Q^*O$"),它不同于传统企业、市场的最主要特征,是凭市场本身可以将外部性加以内部化,实现合作共赢。

从充分发挥市场决定性作用角度讲,要避免因监管无序扩张而导致政府失灵。政府失灵,在此特指由于政府越过市场作用的边界,将本处于均衡状态的市场引向非均衡,而导致效率损失。中国互联网平台企业近年在供求条件没有大的变化的情况下损失过半,前景不容乐观,说明提出这个问题不是无中生有。

为此需要反思竞争法理论、竞争政策在这一过程中扮演的角色，推动市场经济体制改革向着顺应数字经济的方向前进。

竞争政策失灵是指，本是定位于保护竞争的政策，却损害了竞争。最常见的情况是，不当地运用反垄断法，反的却是平台领域的正常市场竞争。

反垄断法作为竞争法的核心，被称为市场经济的"宪法"。但是，基于工业经济经验（以及芝加哥学派学理、法理基础）形成的传统反垄断法，在面对数字经济时，容易陷入一个根本性的误区，即把生态混同于企业，把生态型市场与企业型市场混为一谈，从而把内生外部性的市场当作外生外部性的市场加以规范，造成偏离生态均衡，这是竞争政策失灵的根源。

如果照搬工业经济时代的反垄断思路，将阴影区间判定为垄断区间，进而采取极端措施（例如没有法治依据的行政干预甚至人为的报复性干预），以 f 为均衡目标限制平台企业发展，就会出现竞争政策失灵。竞争政策一旦与政府干预产生共振，更使平台企业因为失去稳定预期而产生投资崩盘和各种短期行为。打掉阴影区间（有可能使平台企业市值减半，极端者损失 99.9%），会导致数字经济生态整体被破坏。从理论上说，其逻辑在于，阴影区间的存在，是平台企业不完全内部化 $P_{eff}mQ^*O$ 的"税基"（租金来源），是高附加值 $gfiP_{AC}$ 的倍增器和放大器。

如图 3-3 所示，政府失灵在于，将市场从均衡状态 e^* 拉向非均衡状态。其机制在于，将包含外部性的平均成本 AC^* 利用非市场权力降低到 AC^-，从而将有效率的流量 Q_{eff} 拉向左边（AC^- 与 D 交点对应的 Q 值）。竞争政策失灵叠加在政府失灵上，表现为竞争中将科斯定理不适用的买卖双方的双边市场，误当作科斯定理适用的单边市场来治理，造成平台企业在竞争中的产权损失这样一种与竞争政策初衷相反的结果。举例来说，竞争政策偏离生态均衡框架，人为鼓励用户（主要是卖家）多重归属，实际上起到等同于中间产品价格管制的干预作用，同样与竞争政策的初衷相反。

这凸显了反垄断法修法与竞争政策根据数字经济实际进行调整的迫切性。因为一旦以 f 点为核心进行反垄断，会将本已均衡在 e^* 的经济拉向非均衡点，从而劣化经济。本来，竞争政策的出发点是发挥市场对资源配置的决定性作用，纠正市场失灵。然而，在工业时代的竞争政策向数字经济时代的竞合政策转变过程中，一旦以竞争抑制竞合（主要抑制的是作为合作机制的外部性内部化机制），就会产生竞争政策加剧政府失灵的后果，事与愿违。

第五节　从合作制角度认识平台基本产权制度（上）

合作制的突出特征是不同产权主体之间进行公私合作，平台符合合作制的这一主要条件。我们可以从共享经济与生态组织角度，重新认识合作制，发现平台本身的生态合作本质。

把平台纳入合作制的范畴加以重新认识会发现，合作制是一种介于公私之间、市场与政府之间的中间机制。一旦将平台纳入合作制来规范与发展，有助于找到私人利益与国家对这种利益的监管相结合的尺度，找到使私人利益服从共同利益的内在尺度。

合作制作为产权制度，与现代产权制度几乎是相反的产权形式。这源于强调的重心不同：现代产权制度的重心在所有权，聚焦点在资产的价值（如股份），往往指向竞争与零和博弈；而合作制的重心在使用权，聚焦点在资产的使用价值（如资产经营、权责利），指向合作与双赢。数字经济中兴起的生态合作实践，将会把人们关注合作制的重心重新拉回到使用权合作上。

所有制中的公私，一是指所有，即公有、私有；二是指使用，即公用（共用）、私用（专用）。合作制说的公私，主要指后者。合作的实质含义，是指生产资料共享。这使合作（"共享"）有别于共产，合作合的是使用权；共产合的是所有权。我们将主要基于使用权形成产权共同体的合作制称为生态合作制。

平台生态采用的就是生态合作制。平台方与应用方的最主要的关系，就是合作关系，合作的主体称为"伙伴"（合作伙伴）。合作关系即伙伴关系。经济上的伙伴，指所有权上并非一体，但使用权上可以一体（利益共同体）。一个平台，往往聚集

400万（如苹果）至1000万（如阿里）合作者，形成产权共同体。这是人类历史上最大规模的合作制，远远超过了西班牙蒙特拉贡合作制经济的规模。

作为生态组织（可视为一个企业集合，以此区别于企业个体），需要区分平台方与应用方，它们是两类不同产权主体。平台企业在合作制中的作用主要是提供整个生态的固定成本（固定资产），而多元所有的应用方主要承担整个生态的可变成本（可变资产）。我们按生态标准，将平台方确定为资方，将应用方确定为劳方。这个劳方有特定含义，是生态中的"劳动者"。应用方在现实中对应的是APPs，是增值服务提供商。在现实中，他们可能是小微企业、在家办公者或自然人，也不排除存在极少数大中企业。之所以将其当作劳动者，首先，相对整个生态的资产结构，他们只是"无产者"，生态的主要生产资料（固定成本、固定资产）投入不是由他们提供，破产也无须他们承担（平台退市、破产均不直接改变应用方资产负债表）。当然，作为生态关系之外独立存在的企业，他们可能也是资方，但不是生态的资方。在生态关系中，可视同于带有一定生产资料的劳动者（类似自耕农）。其次，多数应用方直接参与劳动。在平台生态中，在家办公者或自然人等灵活就业形态的主体以劳动者为主。根据实际调查，一个APP中的就业者一般在5人以下，直接从事劳动或劳动者直接参与管理，少有脱产者。

在"平台＋应用"一体生态中，平台提供的固定资产为中间产品，应用向终端用户提供的产品与服务为最终产品。平台按市场化原则、商业化方式，向应用方有偿共享生产资料（生态固定资产），按应用方使用效果（即盈亏状况）适当收费（即从最终产品中扣除生产资料租赁费），应用方没有收入不必交纳生产资料租赁费，平台方也无义务承担应用方亏损时的可变资产投入损失。目前中美的市场行情是三七分成，平台方收入最终产品收益的30%（有时被称为"苹果税"），应用方收入最终产品收益的70%。平台方并不参与应用方提供的应用服务，其取得的30%，主要来自生产资料的所有权及所有权对应的使用权有偿共享转让（与非共享转让、租赁的区别主要在于应用无收入则完全免费）。而应用方（或劳动者个人）获得的70%，则主要来自对平台生产资料使用权的共享（使用）及劳动付出。

这一分成合约，可以认为是平台方要素（资本）使用权（转让）与应用方要素（劳动）使用权使用（经营）相交换的结果，本质上是平台方要素所有权与应用方要素所有权基于双方使用权的比例分成交换合约。从这个角度看，所有权合作是间接的，不像实体的合作社，先要混合股份，才能共同经营，而是一方要素的使用权（生产资料）与另一方要素的使用权（劳动），依托各自所有权的（因分享剩余而接近平等的）交换。从业务性质看，具有相互服务性质，即平台方提供生态的基础业务服务〔包括向最终用户提供的免费基础服务，为应用方提供流量；同时向应用方提供准公共（90%以上免费）的生产资料租赁服务〕与应用方提供整个生态的增值业务服务相交换。当然三七分成的前提是应用方的全部固定资产与生产资料由平台提供。如果应用方是独立品牌,仅以平台为销售渠道,生产资本为自有资本,三七分成中的"三"不应涉及生产资本的剩余。

与工业时代的合作制往往形成所有权共同体不同,应用方与平台方很少在合作中发生所有权合并,不会通过合作改变双方的所有权状态。除非平台方收购应用方,但这种情况可能会因损害平台的中性地位(既当裁判员又当运动员)而受到严厉管制。

我们可以把这样的合作制称为生态合作制,即基于要素使用权的合作。其与传统资本主义生产关系的明显区别是,第一,生产资料共享体现了一定的公共性(虽然是按市场化原则、商业化方式有偿实现),本质是资本让渡了一部分使用权的收益权(原来是自己不使用,也不让别人使用,而工人使用资本家的生产资料不具有与剩余索取权相联系的使用权),从这个意义上说,生态合作制是围绕生产资料共享展开的合作。第二,不拥有生产资料所有权的一方,凭借劳动(增值服务)可以获得剩余(而且是高比例剩余)。这说明生态合作制是超越雇佣制的合作。因此这种合作制带有使用权上的公私混合性质(有别于混合所有)。生态合作制的这两个特点,构成它可以将市场经济与社会主义有机结合起来的条件。可以把这种将市场经济与社会主义结合起来的新方式,视为市场社会主义合作制。该制度与米勒的"合作制市场社会主义"模式在产权上具有相似处：其资本可以由成员单独或集体拥有或从外部机构租赁，合作社借贷所得资本的使用权和所有权"质壁分离"。

至于如何引导资本在成为社会企业过程中，克服其僭越公共利益进而偏离平台中性的缺点，以后再谈。

第六节　从合作制角度认识平台基本产权制度（下）

从社会经济制度角度看，可以将平台生态归类到合作制这个大类中看待。合作制是生产者联合劳动的制度，是一种区别于雇佣制的社会经济制度。平台生态中的平台方与应用方，明显不是雇佣关系，而是合作关系。它们形成的共同体，具有合作经济组织的性质，其中的平台企业可视为合作企业。列宁在《论合作制》中指出，"合作企业既是私人企业，又是集体企业"，是"第三种企业"。平台企业也具有私人企业与国有企业之间的第三种企业的性质。

与我国农村统分结合双层经营的合作制相比较。在农村统分结合双层经营合作制中，村级集体经济组织的经营是统，家庭分散经营是分。列宁所说的集体，在这里指经营（统一经营)。从所有制上看,土地归集体所有,而使用权归农民。平台生态也有统分双层经营特点,平台是统,应用是分。统的方面,是由平台方提供统一的基础业务(如提供虚拟店铺支撑服务);分的方面,是由应用方经营差异化的增值业务。统分之间,通过 API(应用程序接口)连接。平台生产资料的所有权归平台企业,使用权归应用企业。鉴于合作制首先以经营特征分类,合作企业不一定非得是集体所有制企业,也可以是私人企业。因此,我们可以将平台生态与农村统分结合双层经营归为一类,都视为统分结合双层经营的合作制。

对于合作制的社会主义性质,列宁多有论述。值得注意的是,这种性质并不因为合作企业具有私人资本的一面而改变。这主要是因为,联合劳动是合作制的主要特征。在平台统分结合双层经营体制中,劳动者可以作为应用方,成为合作主体,而非被资本雇用。在现实中,平台方与应用方三七分成,甚至应用方可以获得更高比例剩余。

将平台生态与私人企业进行产权比较可以发现:私人企业以拥有权(所有权)为效率边界,同一老板为同一效率主体与效率单位,资源如果在同一拥有权之外被使用,称为外部性;而平台生态不同,它以使用权为效率边界,同一使用权合约下的不同老板构成同一效率主体与效率单位,资源(生产资料)在同一拥有权之外同一使用权内部的使用,称为生产资料共享("外部化"),具有数字外部性。

一、双层经营的市场行为特征：比较可以发现

平台生态有别于企业组织，它由平台方与应用方组成。

互联网新业态定义为"平台垄断＋应用竞争"双层经营构成的"新垄断竞争"市场结构。"平台垄断＋应用竞争"包括"平台基础业务垄断＋应用增值业务竞争""平台方垄断＋应用方竞争"。其中的垄断，属于技术性的自然垄断，特指基于标准——数字技术标准或数字商业标准——而形成的垄断。如基于操作系统的自然垄断，或基于淘宝、微信等应用平台的自然垄断。垄断的特征是，应用方与应用增值业务只有采用同样标准，才能共享平台资源（如流量、数字化生产资料等）。当采用单一标准时，应用的效率最大化；而采用多个标准，可能降低生态的效率，包括平台间内卷式竞争，导致重复投入；增加应用方转换成本、学习成本，造成效率损失。对标准的竞争，除了引入平台竞争，更有效的是通过创新（毁灭式创新）进行标准迭代（如 U 盘取代软盘）。

由以上假设推定，互联网平台方的效率不同于互联网生态的效率。互联网平台方的效率是指平台方自身效率，互联网生态的效率是指由平台方与应用方进行分工协作而形成的效率。这种分工协作主要表现为，平台分工提供整个生态的重资产（固定成本、不变资本），应用方分工提供整个生态的轻资产（可变成本、可变资本），双方按资产使用合约分成。互联网

平台方的效率也不同于一般企业效率，主要表现在，一般企业的投资（不变成本与可变成本）效率主要体现于自身业务；而平台方的固定成本的效率主要体现于应用方的增值业务。因此，判断平台方基础业务垄断是否有效率，除了要看平台方基础业务本身的效率（是否有其他平台方效率更高），还看其共享资产是否让应用方的效率有所提升，以及提升多少。要结合垄断给自身业务降低的效率与对同生态其他应用方提高的效率，来进行综合判断。

由于互联网新业态的效率分享过程包含数字外部性，后面关于有偿共享"通用性资产"的效率及公平分析与计量，就涉及以企业为边界和以生态为边界的受益面与效率口径的不同。

二、双层经营的企业行为特征：双层成本结构

平台生态不但具有垄断、竞争这样的市场特征，而且具有资本投入这样的企业特征。平台是内生资本的平台。平台方不仅是商人，也是资本家。

内生资本的平台与现有平台经济学定义的平台有一个本质区别。平台经济学所说的是贸易结构的平台，是商人的平台，具体指双边市场，是市场之中买卖双边的中间人（中间商），平台方获取的是来自交换的佣金（本质上是商业成本）。而本章研究的是资本结构的平台，是资本家（或知本家）平台，其除了

具有双边市场的一般特征之外，还具有一个更重要的特征，即平台是买卖双边的投资人。因此其不仅获取来自等价交换的佣金，还获取来自投资的资本收益（剩余）。本章要探讨的是从资本剩余中产生租金盈余再分配，或类似租金盈余再分配的公益支出，而不把双边市场佣金作为讨论重点。

内生资本的平台的概念，不是指双边市场中B1（平台方）对B2(应用方)和C(最终用户)，从B2与C的交易中收取佣金，而是指"B1+B2"上下双层资本这种结构，是B1与B2的资本分工，即B1承担固定资本，B2承担可变资本（主要指劳方的人力资本，包括时间、精力、技能、冒险精神等）。B1对B2进行固定资产投资，B2为这种投资提供变现补偿。

具体来说，B1不仅要通过自身投入聚集C（形成流量，作为向B2分成的资本），更主要的是以自有固定资产投入作为资产，形成信息基础设施之上的应用基础平台，对B2提供通用性资产有偿分享服务，向B2收取生产资料使用费（如服务年费）。平台所处业态位置，是提供生产资料服务的产业（相当于工业中的重工业，即提供生产资料的产业），平台方本质上是数据生产资料租赁企业。

当引入资本的视角后可以发现，双边市场分析缺乏剩余分配的理论基础，因此更多是新古典（经济学）式的市场交易分析。本章分析租金盈余再分配，涉及公平原则，需要在市场交易分析之外，引入古典经济学式的制度分析与不等价交换视角，对资本背后涉及的权力关系——主要是问题涉及的公共利益部分进行面向利益分配的社会关系分析。

第七节 通过服务化提高增长质量

通过服务化提高增长质量，是从范围经济理论中引申出的政策取向。把推进服务化、信息化与创新的一体化，作为提高经济增长质量的基本途径。

把范围经济作为宏观经济学的基础，在政策上主张将经济服务化提高到发展战略高度，发展服务化产业（第四产业），以提高服务业产值与就业比重（并且推动服务业支撑平台化、服务业现代化），推进制造业服务化和农业服务化（电子商务化）为切入点，提高对创新的产业化市场需求，以替代脱离市场需求的对创新的政府主导，解决创新驱动发展的市场动力、生产力动力问题。

第一，要建立正确的增长观，从增长的效率标准转向效能标准。

服务化和信息化都位于工业化之后，这点没多少疑问，问题在于，"后"在什么地方？以往的解释，主要是从经验上归纳产业现象。但越这样归纳，服务化和信息化就越像是两回事。

例如服务业与信息业的统计口径明显不同（在我国特殊统计口径下，电子信息产业甚至排除了服务业，特指电子设备制造业和通信设备制造业）。

但如果从产业角度跳出来，从生产率这一经济和"化"（生产方式转变）更为本质的特征看，"后"具有一个共同点：焦点都在于差异化。这一点以往从没有被注意过。这里解释一下，服务经济和信息经济是差异化经济（越差异化越经济）；工业经济与之相反，是同质化经济（越差异化越不经济）。因此，这里的效率，是指 2.0 版的效率，特指效能，即效率的变化率，具体来说，是指效率相对于差异化程度变化的边际变化倾向。张瑞敏曾非常形象地把效率和效能的关系，比喻成打固定靶与打移动靶的关系，这是以往被忽略、遗漏的观察视角。以往提经济发展质量，没有同这个本质性的效率特性内在关联起来。

服务化与信息化的优势都在差异化。同是增值，加工增值与服务增值不同。工业本质上提供的是同质化的加工增值；服务业提供的却是异质性的差异化增值。所谓质量提高，是质变，即质的差异性变化，而非以往理解的 GDP 量变。服务经济就是差异化经济，即低成本的差异化；而服务化的"化"，就是使差异化从不经济变为经济这样一个经济和社会转型的过程。同样，信息在本质上提供的也不是加工，而是差异化（信息即熵，是差异化的单位）；信息经济就是差异化经济，即低成本的差异化（俗称信息对称，而不对称导致差异化的高成本）；信息化，也是使差异化从不经济变为经济这样一个经济和社会转型的过程。相比之下，工业化是使非差异化从不经济变为经济这样一个过程。制造只是其表象。

第二，创新驱动发展在宏观经济水平上与信息化、服务化要建立内在联系。

经济学家布鲁克（Brooke）在分析美国 1950—1990 年的信息技术应用、产品差异化与生产率的统计关联时，发现服务化是经济差异化的过程，而信息技术发展是降低差异化成本的过程。这启示我们找出创新驱动发展在宏观经济水平上与信息化、服务化的内在关联。

如果是在国家层面（而非具体产业部门或微观商业层面）考虑信息化，首先，应把信息经济视为经济服务化的过程。主导思路不是以产业化的方式（即工业化的方式，如农业"产业化"）搞信息化，而是以服务化的方式搞信息化。其次，应把服务化视为信息化的本体（中间的逻辑是：服务化是三大产业的差异化，而信息产业是降低经济整体差异化成本的产业）。最后，应充分认识创新与差异化需求的内在联系。创新是对差异化能力的供给，只有当市场上产生对差异化的足够需求时，创新才能成为人们自觉自愿而非政府驱赶下的行为。

以往创新驱动难以得到市场支持的关键在于，过度强调投资驱动的产业化，强化的是经济同质化的过程（传统中国制造是其表象），从根本上抑制了以差异化为本的服务化进程，从而在市场源头上抑制了对创新的需求，也抑制了信息化意义上的现代化进程。政府主导造成了创新的供给与需求的两张皮。解套的关键在于认清没有信息化就没有现代化。

信息化本质上提供的是降低差异化成本的能力，它使服务的报酬递增，从而产生创新驱动发展的效果。只有在经济全局和产业全局上推动产业化向服务化转向，把信息化当作这个转向本身，才能从根本上解决创新驱动发展的问题。

第三，转变发展方式与转变增长方式相适应，推进经济的服务化。

转变发展方式与转变增长方式，长期以来缺乏生产方式转变这个内核作为其内涵。从工业化生产方式向信息化生产方式转变，从工业经济过度发展转向信息经济全面发展，才能真正解决转变发展方式与转变增长方式的问题。

发展信息经济对于推动我国经济社会转型的重要意义，首要在于从 GDP 导向转向幸福导向。产业化思路与服务化思路的不同，从对待 GDP 的态度上就可以看出来。当经济发展从量的增加转向质的提高时，由于 GDP 不计量差异化（即质量）收益，产业化思路会把 GDP 增速下降当作损失；服务化思路却会把 GDP 下降当作增益。具体到政策上，产业化思路会用新的产业来填补 GDP 空缺，而不管新的产业是否粗放发展，例如是否会把高科技产业搞成房地产，搞成泡沫；而服务化思路更加注重的是经济质量、生活质量提高，在同等 GDP 下追求质量的提高，实现以人为本的发展。

真正进入生产方式意义上的信息经济，从产业角度看，就是要用服务化的方式搞一产、二产和三产。如果说工业化是产业化，信息化就是服务化。"化"就是指生产方式转变。其中，产业化是指同质化方式（如中国制造），对应投资驱动发展，即以规模化驱动发展；服务化是指差异化方式（如中国创造），对应创新驱动发展，即以差异化驱动发展。信息作为生产力和生产要素发挥的主要作用，就是降低差异化成本，提高差异化收益。经济的服务化是指农业服务化、制造业服务化和第三产业的服务化（指体验化），通过差异化提高经济的附加值，降低无谓的损耗。

针对问题，推动信息经济全面发展，需要有明确的中观经济思路，要把信息化落实为产业发展的主导思路。产业发展，应从工业为主导、农业为基础的传统思路，调整到信息化为主导、工业化为基础，或者称信息化驱动工业化发展的战略思路上来。第一，农业发展的思路，应是信息化驱动产业化。应在电子商务实践基础上，以农业产业化为基础性思路，将农业服务化作为主导性思路，在保障农业基础地位不动摇前提下，把农业发展的重心，从规模扩大转向农民增收。为此，要将服务化产业振兴作为乡村振兴的主导方向。第二，坚持制造业服务化的正确思路，将制造业的信息化与服务化有机结合起来。信息产业的发展不应仅强调产业化，更要向服务化升级。当前，要加强对互联网服务业的支持，积极推动"互联网+"（产业互联网化）的发展。第三，鼓励服务业向体验化方向升级。全面理解现代服务业，不仅要强调信息技术应用，更要引导服务业向智能化的个性化、定制化应用（APP）方向发展，引导和鼓励内容产业从产品业态（如版权业态）向服务业态（如产品免费服务收费的云服务业态）升级。

第四章

数字化转型与新机遇

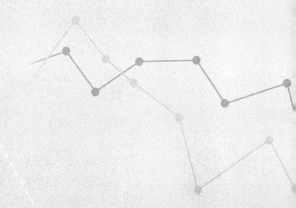

第一节 当前 AI 大模型尚处"猿人阶段"

2023 年,以 Chat GPT 为代表的 AI(人工智能)大模型引发前所未有的关注,国内 AI 领域掀起了研发大模型的极大热潮,各个产业也都开始探索大模型在本行业的应用。

在 2023 年底召开的中央经济工作会议,也明确要求"加快推动人工智能发展",会议还提出,要以科技创新推动产业创新,特别是以颠覆性技术和前沿技术催生新产业、新模式、新动能,发展新质生产力。

新质生产力"新"在何处?要形成新质生产力有没有比较好的抓手?为什么这一次 AI 大模型能引起如此高的关注?我们应该怎样看待 AI 大模型在当前科技领域的地位和影响?AI 大模型训练和优化过程中面临的难点又应该如何来解决?

新质生产力发展是新的劳动者利用新的工具作用于新的对象这样一个过程,形成新质生产力的抓手应当是在"十五五"期间加快建设现代化产业体系,特别是其中的战略性新兴产业与未来产业。

当前，AI大模型还存在缺失价值判断能力的短板，要解决这个问题，需要下一代人工智能进行基础层的范式革命。"中国在这方面有机会，可以谱写'中国式现代化的科技篇章'。"

一、新质生产力离不开数据

"新质生产力的基本特征是数字化、网络化、智能化。"

首先，从技术角度看，生产力的质主要是指效率的性质。

数字时代新质生产力与工业时代新质生产力相比，效率的性质有所不同。全要素生产率中的技术，以往一直默认为只有一种技术，即工业技术。效率概念本身也一直被默认为专业化效率，它在现实中构成做大做强的效率基础。

而与工业技术并列的，还有另一类效率，即多样化效率，它是"做优"的效率。因此，"整合科技创新资源"的侧重，如果放在以数据为主要生产要素的新科技上，需要把效率的发力点在"做大做强"基础上升级为"做优"。这样可以充分体现新质生产力在数字时代发展不同于在工业时代发展的那种时代特征。

其次，从经济角度看，经济的性质由价值的性质决定。

新质生产力创造的价值，是新质使用价值和创新劳动价值。由信息、知识、数据创造出的附加值，构成数字经济的价值本体。因此新质生产力与数字经济在创新附加值上是一致的。推及从信息中产生的生产力就可以得到这样的判断:"信息生产力是当今社会发展产生的新质态生产力"。

最后,"新质"在技术经济结合上体现为三"新"。

新质生产力发展是新的劳动者利用新的工具作用于新的对象的过程。不同于传统以简单重复劳动为主的体力工人,参与新质生产力的劳动者是能够充分利用信息技术,适应先进数字设备,具有知识快速迭代能力和信息决策能力、自主意识的新型人才。新劳动工具既包括高端智能设备、计算工具,如人工智能、虚拟现实和增强现实、自动化制造技术、设备及数据基础设施,也包括数据等新型生产要素。新劳动对象是与新质生产力相适应的、由数据构成的可以驱动实现对应实体功能的符号存在,如虚拟现实。

这三"新"都以数据化为时代内涵,这决定了新质生产力离不开数据的存在。

二、带来新的产业增长空间

具体到实践中,形成新质生产力需要比较好的抓手。这个抓手应是在"十五五"期间加快建设现代化产业体系,特别是其中的战略性新兴产业与未来产业。

新质生产力对产业的改变,主要表现在功能替代、组织替代与生产方式替代上。

首先，将以物质、能源为主要功能载体的传统产业，转变为以数据为主要功能载体的全新产品、生产资料、零部件和原材料，形成高附加值产业。新质生产力用知识、技术、管理、数据等新型生产要素替代有形生产要素，减少了对生态环境的损害。通过数据的功能替代，降低了自然资源和能源投入，使经济增长摆脱了物理要素驱动的制约，例如新能源、新电子设备汽车以电池、数控系统替代燃油汽车中发动机、变速箱的同等功能，将工业设备变为信息设备。

其次，数据科技导致产业组织方式发生根本变革，从受到时间、空间条件制约明显的传统产业，转向以虚拟要素的快速多变排列组合的现代产业，加速了生产要素的有效流动，并形成以流量变现为特点的流量空间，以平台＋应用为经营形式的新业态，促进了产业的生态化。

最后，促进了产业生产方式转变。颠覆性技术中有很多是通用目的技术，具有强大的赋能作用。机器人、人工智能技术使生产的效率、精度、良品率都显著提高。新质生产力创造迎合了用户以前未能满足的潜在需求，开辟了新的市场，带来新的产业增长空间。

中国即将迎来"十五五"规划，明确新质生产力所引导的产业规划方向具有重要现实意义。当前从产业结构优化程度看，与高质量发展的要求还有相当差距。

例如，中国服务业 GDP 占比在 55% 左右，比世界平均水平

65%低了10个百分点;生产性服务业在服务业中的占比,与发达国家也有10个百分点以上的差距,一、二、三产的服务化还有很大优化空间。而服务业、服务化主要是通过提价竞争带来高附加值的活动。面对这种差距,亟待以数字科技降低差异化、多样化等提价活动(提高利润与附加值的活动)的成本,通过数字产业化及产业数字化,建立起现代化产业体系。

如果说,最近三四十年我国通过发展工业生产力实现了"做大做强",那么,发展新质生产力,补上中国经济在结构上的差距、补强"做优"这一块,应是发展新质生产力的总抓手。

研究新质生产力,需要聚焦于调得更加优化产业结构。与传统产业的增长主要依靠有形要素不同,以数据能力为核心的新质生产力主要通过无形要素驱动产业拓展新的领域,其中服务业与服务化将是其驰骋的主要疆域。

三、AI 大模型尚处"猿人阶段"

过去 AlphaGo 打败李世石,只是人工智能在单一领域发威。而 AI 大模型则是通用人工智能在不同领域发威,当然会引起更大的关注。

从就业来看,需要看到 AI 大模型对就业的影响存在挑战与机遇两方面。挑战在于很多知识型白领的工作可能被 AI 取代;机遇在于 AI 刺激出的新工作有可能与取代的工作一样多,在先发地区创造的工作机会甚至会多于取代的旧工作机会。

技术进步有没有可能导致失业的增加？答案是：如果新的就业不能补上旧的就业空缺，就会引致有效需求不足的经济危机。这种危机会在复苏阶段由就业的创新来自然解决。

从历史上来看，每次技术革命前后对比，就业既不增加，也不减少。例如，工业革命时期，农民都"下岗"了，但并没有失业，而是全变成了工人。因此，这不仅是"转岗"，而是就业的结构变化。这就是要素供求本身的适应机制在起作用。

因此，与其担忧"人将被AI取代"，不如赶紧去发现新的机会从哪里涌现。只有不适应造成的失业，没有因适应而发生的失业。

就科技本身而言，从数据科技这个较窄的领域来说，目前的AI大模型还是低水平的，相当于人工智能的"猿人"阶段。这个阶段总的特征是计算主义当道，人文完全失位，这是它目前的天花板。而2023年8月人工智能界提出的人工智能新范式，代表了十年后，等AI大模型完全过时后，下一代人要追的新时髦。由此可以定位AI大模型在数据科技领域演进中所处的位置。

将数据科技放到整个科技领域评估其发展的地位和影响，可以用"引领"来概括。它表明人类科技正从物质范式、能源范式向信息范式转变。在这种转变中，数据科技中哪怕不太成熟的领域（如通用人工智能）的一小步，可能都预示着人类科技的一大步。数据科技要突破当前AI大模型的局限，最重要的是摆脱物质范式的羁绊，找到自己的位置，即信息不同于物质、能源的特性所在，向主客一元化方向演进。

四、打造 AI 大模型训练数据集

高质量可以分为科学意义上的高质量与工作意义上的高质量。

就科学意义上的高质量而言，目前造成低质量的深层根源就是计算主义，即人工智能中的物质范式的局限。

这时的高质量是相对于人而言的，例如人有自由意志、主观能动性、创造性、情感等不同于物质、物理的方面。

当前的 AI 大模型只能在"训练和优化"这种低水平层面上模仿人，因此很难模仿到博士以上水平（博士要求"发现知识"，而非归纳共识）。问题不是出在应用层，因此单靠语料训练很难达到高质量；而是出在基础层，就是在计算的底层范式中，根本没有主体（人）的位置。

例如，主体有动机，AI 大模型却没有动机，它想模拟出恋爱诗，但它分不清自己是男是女，因此是无动机的伪恋爱，它可以一时让人真假难辨，但不可能在所有时间所有地点骗所有人。高质量的数据之所以非常难获取，最根本原因出在根子，即范式上，不能把人之为人的特殊之处提取出来。

工作意义上的高质量，不是指模型训练和优化这种具体事情上的质量，而是指"供得出，流得动，用得好"，是数据供给水平上的高质量,是就数据工作的社会效果评价而言的。

当前数据供给流通应用的主要矛盾是数据生产出来,但流不动、用不好。数据供给内部也存在矛盾,即数量与质量的矛盾。表现在低质量的数据多,而高质量的数据少。一方面要继续提高数量,另一方面要重点提高质量。从社会角度分析高质量数据缺乏的原因,主要有供给的外部条件(设施条件)、市场条件(配置机制)、生产条件(标准化)与制度条件(主体激励),因此要从这四个方面入手解决问题。

具体而言,一是加强数据基础设施建设,完善数据资源体系,包括推动行业共性数据资源库建设,打造高质量人工智能大模型训练数据集。

二是公共数据资源供给。目前不是没有这类数据,而是有却供不出,这主要是机制的问题。要通过支持在重点领域开展公共数据授权运营试点,实现"供得出"。

三是社会化大生产。数据的小生产是低质量的,只有大生产才是高质量的。为此,要健全标准体系,加强数据采集、管理、安全等通用标准建设,协同推进行业标准制定,修订完善数据管理能力评估标准。

四是要完善相关主体的权益保护规则,以规则推动信息利用。当然,数据的激励,不光要激励一次生产(开发),还要激励二次生产(再开发)。因此要平衡所有权与使用权(用益权)的关系。

第二节　国有企业数字化转型的关键

我认为，国有企业数字化转型迥然不同于一般企业数字化转型，当前的瓶颈与要害，不在于产品、运营、管理、服务、产业这些表面的东西上，而在于要建立适合于五大发展理念的产权观，从横向混改（所有权内部混合）思路转到纵向混改（所有权与使用权之间混合）思路上来。

一、问题的产生：对数字经济与国有经济主导作用关系的思考

从 2020 年的《财富》中国 500 强排行榜看，上榜互联网企业全部是民营企业。与国有经济在其他领域的主导地位相比，国有经济对数字经济发展的导向作用，在互联网经济整体态势控制和影响上，明显偏弱。

蚂蚁集团暂缓上市事件的出现不是偶然的，强化反垄断与防止资本无序扩张成为这一领域的独特任务也不是偶然。分析症结所在，挑战主要出在国有资本缺位上。互联网本身就是一个转型问题，国有企业还不适应工业互联网、产业互联网这种

转型。

有人认为，国有企业出不了BAT那样的大平台，是因为体制机制不如民企灵活。我完全不赞成这个观点。体制机制问题不能说没有，但在这个因素起作用之前，国企就已经输了。可以反证，如果体制机制真是一个致命问题，为什么在500强的365行中，国有经济都可以发挥主导作用，偏偏互联网不成？这不是自打嘴巴吗？

我认为主要问题是，国企在数字化转型的大方向上偏离了五大发展理念。首先是偏离了开放发展、共享发展，其次是偏离了创新发展与协调发展。五大理念，偏了至少四个。

国有经济在互联网中主导作用偏弱的根本原因在于，国有资本在总体上不适应数字经济对产权变革的与时俱进的要求，例如，共享经济提出所有权与使用权分离要求，进而要求开放经营。这是符合开放发展、共享发展的。

但目前国企混合所有，仍是所有权内部改革，没有触及使用权开放这个根本。互联网民营企业顺应潮流，普遍实行开放经营（特指对使用权开放，即共享），由平台向（自身产权外）应用企业开放生产资料使用权；而国有企业普遍封闭经营（特指对使用权封闭），平台不向（自身产权外）应用企业开放共享生产资料使用权，造成了竞争优势的此消彼长。

2020年4月9日，中共中央、国务院印发《关于构建更加完善的要素市场化配置体制机制的意见》，要求研究"根据数据性质完善产权性质"。数据的特殊性质在于通用，通用性资产自身发展要求共享意义上的开放，反对不共享意义上的封闭。开放可以提高竞争力的原理，在于通过通用性资产的复用，倍增实物生产资料的价值。互联网企业据此开辟了面向千万量级企业收取平台入驻服务费为代表的新财源。

国有经济在数字经济中由于两权分离滞后，失去倍增新动能的先机，由于资本源头上的枯竭，导致全局被动。进而在资本这个制高点上，失去了对全局的控制力与影响力。国有企业在这方面吃了近110万亿元的亏，足以影响全局了。有心人只要分析一下近年固定资产投资的诡异走势，就会明白我此言不虚。

事实证明，共享发展能不能落实，对数字经济来说，除了要看所有权开放（混合所有），还要看使用权开放（共享使用）。因此，健全完善"所有权与使用权分离"的生产资料管理新制度，是国有企业在数字经济特别是互联网领域争取主动的当务之急。有关主管部门如果在对待这个问题上态度消极，就难以破题。

二、解决问题的主要对策

国有企业如果能通过数字化转型，新增一个或数个吨位相当于深圳市 GDP 或苏格兰 GDP 的世界级平台，做强、做优、做大成为国际一流企业才会名副其实。

国有企业近年在平台化方面的努力与互联网企业比，是不太成功的。作为互联网的长年观察者，我觉得，国企不应局限在市场交易这个表面上模仿平台的行为，而应从产权这个根部认识问题，领悟平台的产权本质就是两权分离，它比两权合一的所谓现代企业制度（所谓"现代"其实并不现代，早就落后了）更符合新时代理念。抓住使用权开放这个"牛鼻子"，借鉴农地改革三权分置经验，国有企业数字化转型可以一举化被动为主动。

为此，需要把新时代中国特色社会主义这个立场站稳，在以下方面调整思路：

（一）坚持创新发展、协调发展

在确定转型目标时，需要坚持创新发展。从企业转型的旧观念转向转型企业的新观念。企业转型是工业化内部转型，从一种企业组织转向另一种企业组织。转型企业则是把工业化组织（企业）转成另一种组织（生态组织）。

为此，建议在转型目标中加上：数字化生态体系建设初见成效。深入推进企业数字化转型，打造数据供应链，以数据流引领物资流、人才流、技术流、资金流，形成产业链上下游和跨行业融合的数字化生态体系。大力培育数字经济新业态，以数字化平台为依托，培育基础业务与增值业务分工协作、跨界融合的生态组织。创造生产要素供给新方式，形成数字经济新实体，倍增新动能、发掘新内需。

建议努力构建数字化产业链。打通产业链上下游企业数据通道，促进全渠道、全链路供需调配和精准对接，以数据供应链引领物资链，促进产业链高效协同，有力支撑产业基础高级化和产业链现代化。当前，面对美国在技术上从上游卡脖子，直线反击是一个办法；同时，把数据作为新上游，发挥接近市场和用户这一优势，用链式牵制迂回反击，有助于对付对方单个企业、单个环节"去中国化"的零敲碎打。

（二）坚持开放发展、共享发展

要以解放思想为引领，破除体制机制约束，激发企业转型变革活力、动力。为此，要重点突破数字化转型体制机制。

建议在转型中抓住重点，鼓励围绕数据生产要素及通用性资产，创造生产要素供给新方式。大力推进实物生产资料数字化，促进数字生产资料共享，引导增值开发应用，激活数字化对实物生产资料倍增作用，提升全要素生产率。支持国有企业平台化发展，广结生态利益共同体，通过平台一次性固定资产投资，上下游生态企业多次复用，并按市场化原则、商业化方式有偿共享数字化生产资料，实现基于使用权开放的共赢。探索生产资料所有权和使用权分离改革,在推进共享经济发展中发挥国有经济主导作用。

应通过平台化建设,发挥国有经济在产业互联网发展中的主导作用。加快完善数字基础设施建设,推进企业级数字基础设施开放,推进企业实体生产要素数字化与数字孪生,共享数字化生产资料,促进产业数据中台应用向产业链上下游企业分享业务资源。推进企业核心资源开放。支持平台免费提供基础业务服务,从增值服务中按使用效果适当收取租金以补偿基础业务投入。

我相信,采用了这些有针对性的举措,人们事后会发现,所谓国企的体制机制弱势,在转型实战中会出人意料地成为保值增值的某种优势。

第三节 第四产业的实质在服务化

经济学家李稻葵最近提出第四产业的新概念,作为未来中国经济的重大选择。第四产业这个概念,历史上有许多人提出,各有不同,有的指公共服务,有的指知识产业,有的指创新产业。这次,是指信息服务业。以信息服务业为内涵的第四产业并不是一个严格统计概念,在现有统计法与国际统计规范中尚无这种分类。但是，提出这个概念有相当的工作或政策上的针对性。最大的针对性在于，经济高质量发展，需要实现一、二、三产的服务化。鉴于理论经常滞后于实践，提出新概念是可以理解的，只要能解释现实、解决问题就行。

一、第四产业的外延

李稻葵在《数字经济：新时代中国企业重大战略机遇》中提出：第四产业是从第三产业中剥离出来的，是解决人对信息需求的产业，包括信息的加工、智慧化的提升，即信息服务业，也就是数字经济。

他说：第四产业产生出来以后，它又把第一产业、第二产业、第三产业重新地升级一遍，称为第四产业，是信息服务业。他认为未来人类社会经济发展将会出现一个第四产业。第四产业的发展空间将远远超过第二产业、第三产业。

以往所说的第四产业（Quaternary sector of the economy），一种说法是指，与自动化、医疗相关的研发高新科学器材的技术以及教育事业投资、通信信息产业、政府部门等属于第四产业。或者说，以提供智能型服务、技术研究为特征的产业领域，即人们常说的创新产业，其曾一直被归入第三产业，该产业是指对本身无明显利润，但是可以提升其他产业利润的公共产业。

将第四产业明确归类为信息服务业，一个合理解释是，它脱胎于"ICT革命是一个服务业的故事"。这是21世纪初（2004）从美国传入中国（2008）的说法["就劳动生产率增长和多要素生产率增长（multifactor productivity growth）而言，美国的信息技术革命是一个服务业的故事（a services industry story）"]。当时，一个令人困惑之处在于，农业、工业之后的第三产业，到底应是服务业还是信息业。这个说法，将服务业与信息业统一起来。北美产业的分类标准，也用服务业定义信息产业，而将电子与通信设备制造业划出信息业，而归入制造业。

数字经济发展起来后，从第一信息部门与第二信息部门的分类中，形成数字产业化与产业数字化的统计分类标准（2021）。从产业数字化（一、二、三产数字化）角度看，服务业这个词，应该被服务化取代。因为服务业只是第三产业，而服务化包括一产服务化（农业服务化）、二产服务化（制造业服务化）与三产服务化。第三产业本来就是服务业，它的服务化实际是指个性化。李稻葵也说：第三产业是将这些物质方面的产品个性化地直接提供给个人。因此，在产业数字化背景下，"ICT革命是一个服务业的故事"应改为"ICT革命是一个服务化的故事"，即实现一、二、三产的服务化。

与服务化对应的是产业化，即以制造业的方式（大规模生产这种工业生产方式）从事一、二、三产，如农业产业化、工业产业化（相对于手工作坊）、服务产业化（标准化服务）。由此也可以看出，服务化与产业化相对于生产方式而言，是反义概念，一个是大规模生产方式，另一个是个性化生产方式。

这时自然就产生一个问题。统计的对象是产业，而不是生产方式。第四产业提法的特点是，要以统计分类的方式，提出转变生产方式，就不得不打乱概念，重新排列组合，将一产服务化、二产服务化、三产服务化的结果（所形成的子产业），分别从它们原来所在的一、二、三产中剥离出来，形成一个单独的产业。这样，就可以理解第四产业"把第一产业、第二产业、第三产业重新地升级一遍"这样的意思。此前，农业服务业（子产业）一度被划入服务业，但后来又被"归还"给农业，说明统计本身就存在这种交叉地带。

此前，统计界内部也有类似分法，典型的如北京市统计局的现代服务业分类标准。现代服务业十大行业门类包括即信息传输、软件和信息技术服务业，金融业，房地产业，租赁和商务服务业，科学研究和技术服务业，水利、环境和公共设施管理业，教育，卫生和社会工作，文化、体育和娱乐业，公共管理、社会保障和社会组织。这十大行业分类，将信息服务业从一般服务业中分离出来。根据国家统计局李强的定义，现代服务业主要指"依托信息技术、现代化科学技术和技能发展起来的包括信息、知识和技能相对密集的服务业"[①]；"现代服务业的一个显著特点就是充分运用现代信息技术和其他高科技来提供

---

① 李强. 中国服务业统计与服务业发展 [M]. 北京：中国统计出版社，2014：114.

直接或者间接的服务，所以现代服务业一般是知识和技术密集型的产业"。①可见，"现代"实指"信息"。

信息服务业，按说是一个子行业概念，在原来的信息产业（数字产业化）概念中就包括软件服务业、电信服务业与信息服务业。将来提第四产业，就要注意分清广义的信息服务业与狭义的信息服务业。北京市统计局提现代服务业，而不说信息服务业，也是为了避免与信息产业中的子行业概念混淆。

美国学者当年也考虑过这个问题。马克卢普《美国的知识生产与分配》把产业数字化区分为产业内信息服务，指一、二、三产业中由近似波拉特第二信息部门的 ICT 中间投入所产出的 GDP；同时另外区分出狭义信息服务业产出的 GDP 包括知识密集服务业、高技术服务业等，对应马克卢普独立出来的"教育""研究和开发""传媒"和产业间"信息服务"（包括技术与软件服务，政府服务等）。

二、第四产业的内涵

提出第四产业概念，是要解决实际问题。实际针对的问题是什么，下面来讨论。

我们注意到，李稻葵理解的信息需求，其基本特征主要在

---

① 李强.中国服务业统计与服务业发展[M].北京：中国统计出版社，2014：115.

于"精准"。

李稻葵这样描述：比如说有了信息服务业，它能够让农业生产更加精准，能够让农民或者农场更加精准地预测到未来的市场需求，更加精准地知道未来的天气，更加精准地知道每一块土地缺什么肥料，这就是第四产业对第一产业的帮助。又说：第四产业对第二、三产业也一样能够提供帮助。它能够帮助每个工厂更加智能地去生产它的产品，更加精准地控制生产过程，这就是第四产业对第二产业的帮助；第三产业也是一样，由于有了信息服务，所以第三产业中的金融服务更加精准，对未来市场的价格、市场的走势定位也会很好。

精准不是理论经济学与经济数学概念，对应的是差异化价值、多样化价值，以及异质性价值（张伯伦后期）。只有差异化、多样化，才谈得上精准。单一品种大规模生产强调的是标准化，用不着精准。一般用垄断竞争均衡标准来量化这种价值。其突出特征是均衡价格为平均成本定价（P=AC）。它具有对不"精准"的方式（大规模产业化的方式）生产出来的东西（其均衡价格为边际成本定价 P=MC），进行增值后，高出一个 AC-MC 的溢价。这就是第四产业对一、二、三产业"升级"的具体空间（也是"智慧化提升"的量化空间）。

人对信息的需求，就是对精准的需求。信息就是用来在多样化中区分这一个与那一个之间的差异的，区分出来，谓之精准。达到精准，就可以实现"智慧化的提升"，即创造出一个高于同质性价值的差异化、多样化的价值。通过高质量发展、创新驱动创造的价值，就是这种价值。

而差异化、多样化，正是服务化不同于产业化的基本内涵。到了这里，我们可以明白提出第四产业真正的意义，就在于要实现从无差异的传统中国制造向差异化的高质量发展的转变。第三产业与第四产业有交叉，也有联系。最大的联系在于，在第三产业中，是用个性化方式从事服务业（三产）；而第四产业是用个性化的方式（服务业最典型的生产方式）提升一、二、三产。换句话说，第四产业的意思，实际是用第三产业的方式（生产方式）从事一、二、三产。这时的信息服务重心在服务方式，从工业生产方式向信息生产方式转变。

从实践来说，我国经济发展正面临以第二产业为重心向上升级的重要关口，理论和政策都面临相应调整。举例来说，工业与信息化部这个名称，此时开始变得有点怪怪的。明明工业的产值比例已经降到服务业之下，为什么还要让工业在名称上打头呢？同时，信息化是一个生产方式转变概念，用来概括产业主管部门职能，也需要正名，以同网信办相区分。又不能依"ICT革命是一个服务业的故事"称信息化为服务业，否则与服务业主管部门撞车。第四产业，至少可以相对准确地划分出产业数字化所涉及的产业。至于叫信息服务业这个名字，只要大家知道它实际指的是什么即可，不必较真儿。希望这个概念的提出者，再提出一个对应的四级代码统计归类，所指的是什么就可以避免混淆。

希望第四产业这个概念的提出，有助于我国按服务化思路推进产业数字化。

第四节　以0次分配促进共同富裕

共同富裕是人们共同的追求，尤其是在收入差距较大时，更容易引起社会共鸣。当前，经济发展不仅面临收入差距扩大的问题，还面临发展趋缓的问题。尤其在经济下行区间，推进共同富裕面临财政压力与福利压力。在这一背景下，提出0次分配，对于现实可行地推进共同富裕具有重要意义。0次分配的含义是在成果公平基础上强调机会公平，在共享基础上强调共创。

解释一下推进共同富裕中的财政压力与福利压力。财政压力是指，当主要依靠二次分配向低收入群体进行转移支付时，财政所面临的压力。一些地区经济发展水平较高，财力雄厚，依托财政推进共同富裕，条件较好。但是对经济条件不那么好、财政实力不那么雄厚，尤其经济又处在下行区间的地区来说，推进共同富裕的财政压力就较大。但共同富裕又不能不推，这时就需要0次分配。福利压力是指，采取北欧福利国家模式来推进共同富裕，存在为了公平而牺牲效率的陷阱。通过打击资本来均衡贫富,可能会降低企业资本预期,互联网头部企业大规模裁撤投资部,发出的就是这样的信号。在经济下行时期,可能引发企业躺平(歇业)甚至跑路。这时最需要 0 次分配来补台。

0 次分配是指将利益分配功能从生产关系中的分配环节,前置到生产资料环节,利用生产资料共享促进机会公平。分配环节解决的主要是成果公平,而生产资料环节解决的主要是机会公平。利用 0 次分配促进共同富裕,体现在政策中,就是"共享生产资料",是一种"生产要素供给新方式"。这是指按市场化原则、商业化方式,有偿共享数字生产资料(注意,不是针对实体生产资料)。生产资料共享,出现在成果分配(分一次分配、二次分配、三次分配)之前,所以把这种机会的分配叫 0 次分配。

举例来说,流通业的生产资料主要是店铺。店铺分实体店铺与虚拟店铺,后者是前者的 0、1 代码替代(数字孪生),可以实现实体同样的功能(如卖货)。实体店铺难以共享,但虚拟店铺可以共享(552 号文件称为"复用")。复用,通俗地说就是将生产资料"复印"给千千万万人。杜甫曾有"安得广厦千万间,大庇天下寒士俱欢颜",可转用于此,变成"安得店铺千万间,大庇天下网商俱欢颜"。安得?就是以复用的方式共享来实现。目前 1000 万家网商(按不同计算口径占全国企业总数的 30%—38%)的生产资料,就是这样实际解决的。当然,这种共享是有偿共享。按通行的做法,厂商不赚钱不收费;赚钱按三七分成("寒士"、网商一方得七)。这里就包含了共同富裕的一个重要特点，劳动者（网商中有许多灵活就业的在家办公人员）的收入不再是工资，而是工资加分成（分享剩余）。共享经济在这里，一是把雇佣制变成了合伙制；二是把劳动者从劳动力变成了创业者，把公平转化为效率；三是劳动者创业不受资金限制（因为生产资料不是靠银行贷款获得，破产也不会连累银行，损失的"产"——固定资产部分——只是0、1代码）。

数字生产资料在数字经济中已超过实体生产资料，成为主要投入的资产。数字化转型将使各行各业的实体生产资料，更多被同样功能的数字生产资料替代。在疫情防控中，人们已习惯不再到实体车间、办公室、会议室、写字台工作。因此共享数字生产资料的技术条件已经具备。需要突破的主要障碍，是生产关系和观念上的，核心是要突破认为共同富裕只是成果公平，无关机会公平的理念。通过改革，将共同富裕的"文章"做在生产资料上。而不应一边高谈阔论共同富裕，一边在实务上排斥共享经济。

第五节　公平贸易2.0与元宇宙2.0时代

把数字经济作为跨境电商发展的总的经济背景，用一句话概括就是优者生存。从国内看，2021年10月18日，习近平主席提出"不断做强做优做大我国数字经济",标志着做优从企业战略,上升为经济战略。从国际看,以打击刷单为标志,跨境电商靠价格战做大做强的旧模式难以为继,需要向最优方向转型。

再从全球贸易趋势看跨境电商演进的贸易背景。新趋势可以概括为公平贸易 2.0。这是相对公平贸易 1.0 而言的。公平贸易 1.0 是指特朗普时期的重商主义,即符合"美国第一"为公平,不符合就"不公平"。而公平贸易 2.0 是指拜登上台后,重用的新布兰代斯学派的主张。其主旨可概括为"从大而不倒,到大而公平"。即认为大就不公平,小公平。其中对跨境电商影响最大的,是把"掠夺性定价"作为靶子。这对亚马逊产生了双重影响,一方面要应对监管当局对"大"的治理,另一方面要对平台之内的"大"(例如深圳前十名跨境电商企业)进行清理,刷单因此成了切入点。我判断简单地合规经营不足以应对挑战,要顺应全球贸易从做大做强(导致"掠夺性定价")向做优(高质量、高附加值)甚至向"小而美"转变。

回到跨境电商本身,大方向只有一个,就是向品牌电商转变,实现跨境电商的品牌化。为此,有以下六个具体方向是值得关注的。

一是从短期主义到长期主义。我认同这样的判断。红利期内,更需要长期主义,要有对于高质量增长的坚持,真正让有差异性的服务和产品,成为企业的长期壁垒。

二是通过元宇宙 2.0 改善用户虚拟体验。元宇宙 1.0 是指当前在非电子商务领域兴起的虚拟现实模式，主要公司都是做游戏的，目前市值在四百亿美元左右。虚拟现实更大的发展，应在商务方面。元宇宙 2.0 就是指电子商务的元宇宙，估值可能高达一千亿美元。

元宇宙 2.0 概念股，目前还没有。如果出现的话，其基本要素应包括：1. 直播视频；2. 虚拟与情境；3. 朋友；4. 代入、沉浸感；5. 多元化与区块域；6. 随时随地（引流跳转、快聚快散）。

国内打价格战训练出来的这一套，体验感太差，不适应国外高端需求。将元宇宙 2.0 用于跨境电商，最大作用是改变国内电商供给强（供应链强）、需求弱（国外最终用户体验弱）的比较优势，取得高收入用户环境下的市场主动权。

三是平台引流+独立站转化。亚马逊占有美国电商市场近半份额（46%），其自今年四月起打击刷单，旨在通过倡导真实评价，提升品牌，这导致高度依赖流量的供应商，开始大量自建独立站，成为今年跨境电商的一道风景线。但独立站自身流量小，目前的生存之道，主要是靠大的电商平台引流，在美国76% 的独立站都依赖脸谱与油管两家平台。

不过，从电商发展历史经验看，独立站要真正立得住，就要把文章做在转化上，在数据分析、提升用户体验方面多下功夫。

四是通过数据整合，优化供给。也就是以数据流整合供应链、服务链。重点要解决两个问题，即：将画像与服务交互更有效结合，做有温度的电子商务；提高获客转化的质量。好的平台应在这两个方面有所作为,破刷单后立转化,有破有立。

五是通过服务网络,优化供给。这方面是中国跨境电商的绝对优势,与引流模式不同,服务网络构建属于推货模式。中国产业聚群优势、产品配套优势,应有力推动跨境电商从产品优势向解决方案优势延伸。

六是数字资产孪生服务。跨境电商之争从远期观点看,最终会演进为资产模式之争,赢家将是提供资源复用的通用性资产模式,跨境电商不光要拼基础设施,更要拼资产替代,谁尽早将"中台""通用软件""数字孪生的解决方案""数字化生产资料"投入主战场,谁就能赢得最后胜利。

第六节 抓纲带目,以智慧化带动老龄化

一、数字经济信息社会和老龄化社会在底层逻辑的联系

一是以智慧为纲。

老龄化与数字经济的底层逻辑都是智慧,也就是说双方具有共同的价值逻辑。

这种共识甚至可以追溯到两千年前,孔子谈到从政的基本

原则时（《论语·为政》），就将老龄化与智慧化相关联。他提出用老龄化指标测智慧化程度的"指标体系"，其中"四十而不惑"，这是信息的水平；"五十而知天命"，这是知识的水平；"六十而耳顺"，这是网络的水平；"七十而从心所欲，不逾矩"，这是智慧的水平。

当然这只是个玩笑。不过孔子将智慧的水平与老龄化的程度联系在一起，是不争的事实。这意味着，老龄化的问题，不光是养老的问题，更是老有所为的问题，如何将老人身上的智慧资源充分利用起来，也是个信息化的问题。

可以说，新时代推进老龄化和两千年前推进老龄化有一脉相承的地方，都需要以智慧为纲。抓住了智慧这个纲，老年人就不是社会的包袱，而是社会的财富。

二是以生态为目。

老年人的问题如果从孔子说的"为政"角度看，还存在组织起来的问题。将老年人组织起来才能更好发挥其自身作用。目前存在的各类社会组织，包括年轻人的组织、妇女组织等，但缺老人的社会组织。我曾建议将计划生育组织改变成老人组织，原来从事计划生育的人很多，如果转型帮助老人，实现老有所养、老有所为，就有了组织依托。少年儿童的数量与老人的数量差不多，都在三亿左右，前者可以组织起来，后者也应该组织起来。

怎么组织老年人？信息社会有信息社会的组织形态。在这方面，数字经济和老龄化在组织方面的底层逻辑也具有一致性，都将转型为生态模式的组织。

如果将人类的组织方式分成三类，可分为家庭这种农业社会组织、企业（包括科层制的政府）这种工业社会组织，以及生态这种信息社会组织。生态的构成是平台＋应用，统分结合，双层经营。中国的农村就试验过这种模式，十分有效。

生态是家庭的否定之否定（"隔代遗传"），否定的是家庭的小生产特性，肯定（对否定的否定）的是社会化。信息社会的养老，也是家庭养老的否定之否定，既要讲社会化，也要保留亲情。从老有所为讲，农业时代的家庭相当于在家办公，隔代遗传到信息社会，就是在企业这种组织前加个负号，从在单位办公过渡到在家办公。疫情的冲击无意间完成了一个大规模的社会实验，开会可以用视频，不用见面接触也可以办成事。将来这种生态组织流行后，人们将不是被迫在家办公，而是主动在家办公。

生态的建设能够使老年群体的智力资源得以充分发挥，使社会发展向不惑、知天命、耳顺以及从心所欲、不逾矩的自由王国迈进。

二、通过生态模式将老年群体组织起来的作用

通过生态模式将老年群体组织起来，应从智力资源的两个方面下功夫，一是从效率上提高，二是从公平上提高。

第一，从效率上提高。生态和企业在效率上的不同，在于生态具有多样性，而企业多样性特征不明显，以专业化效率为主。老人回到家，从古代人的观念讲，是从忙到闲；从效率方面讲，是从专业化变为多样化，从集中变回分散。

专业化与多样化，各有各的效率优势。企业以向心化模式提高效率（集中力量办大事），但老年人居家处于分散状态，可以用更先进的拓扑结构，在多样化状态下提高效率，这种效率与制造相反，是生态的效率。佩奇院士称为多样性效率。生态核心特点就在于其多样性。美国经济学会前会长鲍莫尔形象地称之为"音乐四重奏的效率"。即将兴起的 Web3.0，使企业都不得不采用生态这种多样化的效率工具。

生态的效率或多样化效率一个突出的表现形式就是 APP。APP 在分散状态下能够达到较好效果，但这种效果在集中状态时是很难发挥出来的。这种高效模式在病毒、谣言、社交上都体现得极为明显。对于老人，不能采用集中力量办大事的方式，而需要分散力量办大事。目前，有以下三种新模式体现了分散力量办大事。第一，病毒模式。病毒是典型的分散力量办大事（大坏事），要向病毒学习，把病毒消灭后，借鉴它的高效方式办大好事。第二，谣言模式。谣言也是典型的分散力量办大事（大坏事），一边要消灭谣言，一边还要借鉴它的高效方式办大好事（如比广告更高效的口碑传播，加强社会信任与诚信）。第三，社交模式。社交与病毒、谣言在数学上（指描述它们网络结构的邻接矩阵）是同一个东西，都具有亲（亲自，专业上称为 OSPF，最短路径优先，是互联网核心原理）这个特性，正如孔子说的"君子笃于亲，则民兴于仁"。相当于说，君主如果抓住了社会关系中社交与病毒、谣言相通的方法（邻接），人民就可以实现"仁"这种状态。未来老龄社会要面对的，将是一个分散力量同样可以办大事的时代。

如何发挥老年人的分散化优势？以咨询业为例，从资本角度来看，咨询公司是无法上市的，原因在于咨询业对于分散的人力资本过于倚重，虽然收入高是其优势，但不适合集中上市。这对老年人来说道理是同样的。老年人的经验是不可复制的，这与整个咨询业收入较好，却不具有可复制性的情况是类似的。换言之，是资本价值低而收入价值高。对此，退休在家的老年人如果能够发挥可以在家办公做咨询的优势，就可以彻底改变一直以来的咨询模式。目前的咨询模式大多由青年人在做，而且是给 500 强大企业做的集中模式，未来随着 APP 发展、Web3.0 成势，咨询行业将从问大事向问小事转变，从以生产咨询为核心向以生活咨询为核心转变，老年人的优势就会有广阔的发挥空间。人们常说"家有一老，如有一宝"，说的就是小生产状态下的咨询。将来通过应用 APP 和 Web3.0，应变为"社会问老，遍地是宝"。这是因为生态在效率方面具有多样化优势，这点可以使老龄社会超越人类以企业为核心的组织形态，也就是整体效率比企业的集合体效率更高。也就是说，即使我们将来上班没赚到钱，退休也可以赚钱，这种现象会成为常态。

第二，从公平上提高。生态的另一个特点是包容。公平用一个词来概括就是包容化，道德的作用不容忽视。实际上如今最主要的道德是共同富裕，如果能将老年人推向以共同富裕为主题的新希望工程，或许比年轻人的希望工程更有前途。而这其中的要点与企业的公平相比，区别在何处？

企业主要强调结果公平，很难做到机会公平，而机会是否公平取决于生产资料能否分享。如今，智能基础设施之一——智能手机已经普及，有智能手机就可以通过拷贝共享各种软件、生产条件，即插即用，使用而非拥有。由此带来的主要是机会公平，而非成果公平。

符合我国实际国情的或许并非效仿北欧国家福利政策，而是通过给每一个人特别是给老年人公平机会的方式，让共同富裕从空想变为现实。

对此，需要解决的重点问题是要降低老年人进入平台的门槛，要做到"大智若愚"，将智慧"傻瓜化"，用"傻瓜化"的方法实现技术，比如在技术上让老年人更加适宜，在业务上为老年人提供助理型的帮助，让手机成为"老人秘书"。可以期待的是，老龄化社会的效率或许将比人类鼎盛一时的工业化社会更高，而在公平上也更加符合共享发展这一道德要求。

第七节　创新行政方式，加强生态治理

建设数字政府是"创新行政方式，提高行政效能，建设人民满意的服务型政府"的重要途径和关键所在。其中，应提高对"行政方式"这个概念的重要性的认识。

《中共中央关于坚持和完善中国特色社会主义制度，推进国家治理体系和治理能力现代化若干重大问题的决定》明确指出，要优化政府职责体系，完善公共服务体系，推进数字政府建设，创新行政管理和服务方式，加快推进全国一体化政务服务平台建设，健全强有力的行政执行系统，提高政府执行力和公信力。

上升到"行政方式"这个概念，把握未来数字政府建设的方向就变得十分重要。在政治与行政关系上，数字政府建设主要定位在行政上。行政方式，就相当于政府的生产方式。政府服务要好，首先要有先进的行政方式。

与行政方式对应的是生产方式。二者的区别为，一个提供公共产品，一个提供私人产品。但有一点是相同的，它们都是从工业社会向数字社会转型的标志。近代以来，人们普遍认识到落后就要挨打，这个落后，主要就是指生产、行政方式的落后。生产、行政方式追上工业化水平，如果不能进一步创新，

还会出现落后。无论公共产品还是私人产品，它们的提供方式，都要从前一个现代化水平提高到后一个现代化水平。企业要转变生产方式，政府要创新行政方式，都是为了更好地实现高水平的现代化。

2020年暴发的新冠疫情，对全球治理能力与治理体系建设水平是一次大考。从疫情大规模扩散到防控形势取得积极进展的整个过程中，数字政府在经济调节、市场监管、公共服务、社会治理等领域精准施策，为推动有序复工复产发挥了重要作用。中国的抗疫措施成效显著、有目共睹，为其他国家树立了良好的榜样。

在应对疫情过程中，不仅表现出中国政府集中力量办大事的制度优势，而且在动员社会、组织民众上，也有生态治理、协同治理方面的良好表现。

行政方式转变的一个重要特征，就是政府治理与生态治理的结合。社区治理是生态治理的重要一环，加强社区治理网络平台建设，有利于推动行政方式的创新。在疫情防控中，社区治理网络平台有效依托微信和支付宝小程序，降低公众的下载和使用难度，并根据社区居民的基本需求设置相应的内容和功能，使网络平台不仅仅是信息传播的平台，更是建议反馈、利益表达、邻里沟通和情感交流的平台。在居民参与和治型层面，要以社区成员利益为切入点，强化居民的参与和社区认同感，提高居民参与社区治理网络平台的能力，应进一步推广使用社区治理网络平台与电子政务信息共享。社区治理最终要与政府社会治理相融合,所以在社区治理网络平台的建设中要不断尝试与政府电子政务平台进行对接和融合,以社区平台链接社区、居委会、物业组织、政府、企业等多方主体,实现多源信息共享和功能互通,提高社区治理网络平台的实用性和功能性。

疫情防控常态化后,"后疫情"时代的政务数字化转型将进一步提速,进一步加强生态治理与协同治理,有利于治理体系既具有应对集中式风险的能力,也具有应对分散式风险的能力,通过创新行政方式,使民众的安全感、幸福感得到进一步提高。

第五章

数据时代的人文关怀与挑战

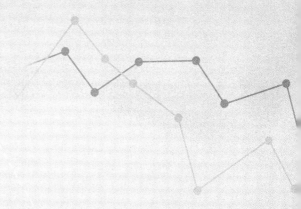

第一节　论人的价值最大化

皓月当空,一位佛教徒来到寺里,高僧说:"今晚月色怡人,正好赏月。"两人来到庭前,高僧以手指月,说:"看!"那人便顺着高僧手指的方向仰头望天,看见圆月,赞叹不已。

高僧说:"你看到了什么?"那人答道:"一轮明月。""为什么不看我的手指?""……我们不是来赏月的吗?""如果有人不看月亮,只看手指,你怎么说?""我说这是愚人。""如果有人甚至把手指当成真正的月亮,你怎么说?""我说这人更加愚妄。""那么你认为念经就能解脱,是不是相当于只看到手指而没看到月亮,或者把手指当成了月亮本身?"这位佛教徒恍然大悟,从此不再死记硬背佛经字句,最终有所开悟。

有许多朋友反映,"人单合一"非常通俗,但就是搞不懂。这主要是因为我们把"手指"当作了明月。"人单合一"只是"手指",人的价值最大化才是"明月"本身。因此要搞懂"人单合一",需要搞懂人的价值最大化。

人的价值最大化具有特定含义。张瑞敏在哈佛讲堂解释:古希腊哲学家亚里士多德有一句名言,他说,人的幸福是可以自由地发挥出自己最大的能力。人单合一就是让每一个人充分发挥自己的能力，实现自己的价值。

一、海尔的宗旨：人的价值最大化

海尔始终坚持"人的价值最大化"（又称"人的价值第一"）的核心价值观，始终坚持共创共赢的创造价值（传统企业只注重人能创造的利润和收入，却忽视掉人所能创造的价值）和传递价值体系。体现在管理人的问题上，就是要最大限度地发挥人的能力。

（一）人的价值最大化从本地管理实践中一步步提炼总结出来

回顾海尔发展历史可以发现，始终坚持"人的价值第一"是贯穿始终的一条主线。其渊源可追溯到 20 世纪 80 年代，别的企业注重的是可检测的质量，海尔追求的是人的价值——让每一个人都有质量意识。当时海尔在每一台冰箱背后都会贴一个"质量跟单"，这看似不经意的举动意义却很深远，它符合了全面质量管理的两个重要原则，"顾客第一"和"下道工序是用户"。20 世纪 90 年代，海尔成为哈佛大学讲授的第一个中国企业案例。哈佛大学的负责人说，选海尔的案例不是因为海尔多有名，而是因为海尔的文化体现出对人的价值的重视。

"人单合一"最初只是为保持现金流与利润的平衡，"解决速度与精准统一的问题"，是在生存实践中提出来的。2005年张瑞敏提出："人单合一，直销直发，实现净现金值为正值的高增长。"

张瑞敏当时指出："传统市场，企业广告决定用户的选择，但网络化市场已转为用户的选择可以决定企业的生死。"网络化战略首先建立在对互联网市场的理解上："在网上，信息不对称的主动权到了用户手里，用户说选谁的就选谁的，企业成被动的了，所以企业要跟上用户点鼠标的速度。"

为了适应产消逆转，张瑞敏提出两个主导的转变，"在外部，用户主导企业，从一对一，到一对多，再到多对多。在内部是员工主导企业。因为用户的个性化需求一定要靠员工去满足"。其中，员工主导企业，是一个非常大胆而有魄力的管理创新，它完全超越了日本的企业管理经验。

随着海尔的发展，"人单合一"一步一步发展为海尔的管理之道，重心也转向人的创造性本质。

"人单合一"对于海尔来说，具有比供求相等更多的意思，从而成为海尔模式的独特之处，"人单合一"开始具有价值论的含义，最终指向成就人。这也表现在海尔对传统电子商务的批判上，传统电子商务通过没有温度的交易，也可以在形式意义上的"人单合一"（供求均衡），但这不是一",因为它只是经济在物的层面上的循环流转,而忽略了在创新、创造意义上成就人的内涵。

双赢是价值原则中的增值原则,指在为用户创造附加价值过程中创造企业和创客自身的附加价值。增值在基本面上特指边际成本之上的均衡价值,它是报酬递增的。

双赢内生了创新思想,表现了企业创造价值的本质。如果只有"人单合一"、供求均衡,但不创造价值,这种均衡被熊彼特称为经济的循环流转,特指新古典均衡,它的结果是零利润。零利润指零经济利润,它在全局不创造附加价值。创新理论则强调,企业从旧的"人单合一"走向新的"人单合一",并非只是实现人与单之间的循环流转,而且还要带来新创造的价值。

双赢在物联网生态圈语境下,还有更丰富的含义,它是指来自供需双方各个利益相关方的共创多赢。共创多赢的关键在于通过拓展终身用户的增值空间,拓展资源合作的生态空间,扩大差异化的价值空间,使各方都能从增值中获得生态价值。这种生态价值,尤其体现在生态品牌价值之中。

(二)人的价值最大化,是中国管理的产物,是中国管理思想的升华

张瑞敏与我谈到中国经验的时候,提出了一个卓越见解。(作为中国经验的普适性)"核心是,人的价值第一,

把他们（按：日式管理、美式管理）全冲开了。GE是股东第一，员工很难找到自己的用户是谁，日本企业做得也很死。海尔将人的价值第一放在前面，强调每个人独立的价值。大企业哪有平等。德国也一样，只是线性管理，很规范，但缺乏创造变化。辉腾的失败就是例子"。意思是，西方管理关于人的价值，表面上讲平等，但CEO和员工是不平等的。他们讲的人的价值，只是CEO的价值，不是员工的价值（也不是用户的价值）。张瑞敏在另一个地方说，美国最引以为傲的托马斯·杰斐逊起草的《独立宣言》宣扬人人生而平等，但是在很多美国大企业里面根本不存在。CEO就是国王，就是独裁者。你可以自主吗？答案是不可能，只能被动执行。而海尔所说的人的价值，包括了用户、员工这些草根的价值，因此其在管理的普适价值上就冲破了西方的基准线，比西方管理对人的价值更加重视。张瑞敏讲："海尔的企业文化，最核心的部分体现为对两部分人的尊重：对员工的尊重，对顾客的尊重。"这与西方讲人的价值时重精英轻草根形成对照。人的价值第一理论，富于中国特色。同是强调人本、民本，与西方强调个人主义价值不同，中国传统文化有强调草根价值的一面。

　　管理学的演进与实践的演进是同步的，只是理论往往滞后实践一步。管理学演进的一条总的线索，就是对"人是什么"这个斯芬克斯之谜进行解答的深化。按照张瑞敏"企业即人"的说法，企业管理学，即人的管理学。张瑞敏在《海尔精神常青》中指出:"从某种意义上说,企业就是人。""企业说到底,就是人。"

2016年12月7日,张瑞敏在"世界智能制造合作发展高峰论坛"上,对企业管理模式变革过程进行了回顾,指出[①]:

传统的管理模式,发展了差不多一百年的时间,主要有三位代表人物。第一位就是科学管理之父泰勒。第二位是组织理论之父马克斯·韦伯,德国人。第三位是法国人法约尔,提出了一般管理的理论。互联网时代消除了距离,这是它最大的影响,同时也是对我们最大的挑战。经典的三种管理模式很明显不适用了。

科学管理理论,最富代表性的应用是流水线。最早受益的就是福特汽车,福特汽车因为用了流水线,而把当时在美国卖四千美元一辆的汽车变成了五百美元,大大降低了成本。最低的时候,只有三百多美元。但是现在,流水线满足不了用户的个性化需求,这种生产模式将来也一定会被大规模定制所取代。

组织理论,也叫官僚制,是一个金字塔结构的管理架构,强调中心,可以保证公司上层意志的有效传达。但如今互联网时代带来的趋势是去中心化和去中介化。

一般管理理论,就是分立出各个职能管理部门,然而现在物联网时代的企业更强调自发能动性,是自组织而不是他组织,所以也会被取代。

---

① 海尔张瑞敏南京开讲:让员工成为创业者,"群龙无首"才是公司极致[J]. 江苏商报,2016-12-09.

美国人卡斯写过一本书——《有限与无限的游戏》，出版至今30年经久不衰，里面有一句话，世界上的游戏一共有两种，一种叫有限的游戏，一种叫无限的游戏。有限的游戏意味着游戏的参与者在界限内游戏，而无限的游戏就意味着参与者与界限游戏。在互联网时代，我们就是在与界限游戏，与传统管理的界限游戏，同时我们发现所有的边界都在不断衍生。

管理学历史上流派众多，但对人性的定位，无非理性（管理1.0）和有限理性（管理2.0）两种，二者相比于管理3.0其实是一回事，都在逻各斯理性这个大的简单性范式之下。管理学的社会人假说，实际也没有突破理性范式，也是以理性为基本色调，只不过变成了社会理性。而创新、创造性则是对理性的突破，张瑞敏称为"努斯"。努斯是古希腊概念。阿那克萨哥拉从本体论上赋予了努斯"第一原理"的地位。阿那克萨哥拉主张努斯是支配宇宙万物秩序的终极源泉。从字面上看，努斯一词原本就是指心灵，也泛指感觉、思想、情感、意志活动以及这些活动的主体。努斯的意思是灵魂、心灵，但不是被动的、带有物质性的灵魂，而是能动的、超越的、与整个物质世界划分开来的纯粹精神。如果说逻各斯代表理性的规范性的一面，努斯则为理性注入了能动性、激情的力量。

管理学中的行为人假设，比社会人假说更接近范式突破。但正如奥地利经济学派将行为与理性并称，其实只不过是苏格兰式理性与大陆理性之间的内部区别，行为仍以理论为基调，这一点影响了管理学对行为的研究，很难突破最后范式边界。而海尔突破了，当海尔用有温度与没有温度对行为进行大的分类时，无意中迈过了人类自我认识的一大极限。更重要的是，海尔不只是说说而已，而是径直把没有温度的收入都列入战略损益表中"损"的一方，只将有温度的收入列入"益"的一方。理性是没有温度的，凡理性收入均计入"损"的一方！这就等于正式宣告范式转变后面价值观标准的改变。从把人的理性理解为"人是目的"的定义到把温度（比喻意义）理解为"人是目的"的定义，这是人类自17—18世纪以来的又一次思想解放，把"人是目的"从理性价值这个台阶提升到创新、创造这个台阶上。

海尔管理学是人的管理学，对人的重新发现是海尔管理学的核心。管理3.0超越管理1.0之处在于，管理1.0把"人是目的"偷换为"人是手段"，这不仅是拿员工当手段，而且把老板也当作了（社会实现理性）手段；管理3.0超越管理2.0之处在于，管理2.0虽然开始强调发挥人的潜力，但发挥的只是企业上层的潜力，而对下层实行的是"愚民政策"，逼迫员工把老板的目标当作自己的人生目的，而且要信以为真，相当于让企业老板代表人的目的，把员工当作实现"人是目的"的手段。管理3.0真正的革命性在于，它第一次把人的解放范围扩大到了员工，甚至用户。这昭示出一个真理：双赢是"人是目的"的真正所在，被以往管理1.0、管理2.0彻底忽视的员工与用户，都有作为人的独特价值，需要系统挖掘出来，让员工无障碍地自我实现到企业家的程度,让用户无障碍地自我成就到实现美好生活的程度。

二、唯用户是从,创造终身用户体验价值

(一)人的价值最大化在用户身上的体现

唯用户是从,是人的价值最大化在用户身上的体现。这里的"人",是作为用户的人,用户价值主张就是创造用户最佳体验。

唯用户是从,是海尔模式中最有针对性的原则。按说,供求是平衡的,为用户创造价值与创造创客的价值是完全一致的。为什么要把"唯用户是从"单独提出来呢?这是因为管理学的框架先天不足,只有供给端理论,没有需求端理论。因此,要把"唯用户是从",理解为要在管理中建立整套"唯用户是从"的体系,而不只是一个口号。

《不可消失的门店》作者、美国沃顿商学院教授大卫·贝尔是零售领域的专家,他提出了一项新的理论——"B-O-S-S 模式"。B 代表"绑定",O 代表达人,第一个 S,表示实体展厅,后一个 S 表示科学。四个字母组合在一起形成的单词"Boss"在英语中的意思是"老板",意指真正的老板是用户。

海尔实践得更为彻底,不仅把用户"当作"老板,还实现了"用户付薪",真正让用户成为老板。除此之外,海尔在物联网时代的探索也在很大程度上超越了大卫·贝尔教授的"B-O-

S-S 模式"[①]。

在绑定这一层,贝尔教授强调的是情感联系,而海尔所做的实践,不仅有情感交流,而且是用户全流程参与。例如,COSMO 平台就是用户全流程参与体验的工业互联网平台,在这个平台上,用户可以实现需求提出、创意交互、设计参与、个性化定制以及全流程订单的查看;在触点网络方面,海尔搭建的日日顺乐家和水站平台,提供的不是冷冰冰的服务,而是通过我们的小管家,实现和用户的零距离交互,提供有温度的服务。

在"达人"这一层面,海尔实现的不仅是达人分享,而且搭建了用户交互的社群,如智慧烤箱小微就吸引了众多关注美食的达人,共同搭建了"烤圈"。在这个圈子里,用户不仅可以交互、分享,而且能实现体验的叠加。

物联网时代,每个人都在追求自己的美好生活,而每个人对于美好生活的定义又是不同的,大数据可以预测你的喜好却无法实现个性化需求的获取,这也是为什么海尔注重的是用户的小数据,只有个性化的小数据才具有价值,才能被用于有针对性地为用户提供定制化的美好生活。

定制物联网时代的美好生活,对海尔来说,不仅是一个口号和方向,更是海尔正在实践的每一步的缩影。也正因此,海尔彻底超越传统以交易为主的电商。

[①] 海尔:彻底超越传统电商的物联网新范式 [J]. 青岛:海尔集团,《海尔人》报,2018 年 2 月 7 日.

大多数企业都会说"用户至上"这类口号，区别就看管理体系中有没有落实这句话的结构。一般企业，这句话背后是一个黑箱，是不可管理的，表现为：第一条，老板永远是对的，用户需求是什么，老板说了算；第二条，老板错了怎么办？比照第一条，闭着眼睛执行，就当老板永远是对的。

这一原则的要点在于唯用户是从，赋予一线员工（创客）实质性的决策权。因为一线员工（创客）不是通过上级授权的方式，而是援引这一原则，在与"单"直接关系中，做出关于"单"的决策。这是海尔"创客制"与稻盛和夫"阿米巴"根本对立之处。

唯用户是从这条原则是与日式管理（包括丰田模式）区分的最主要界标，二者完全相反。

它针对的是以"唯尊是从"为特点的日式管理。日式管理与美式管理相比，以文化见长，但其在继承日本文化优秀传统的同时，也继承了它不适应网络时代的另一面，即张瑞敏概括的"唯尊是从"，它是源于日本幕府文化中以下级主动放弃决策权的形式忠诚于上级，以换取上级对下级安全（如不被开除）的承诺的历史传统，这一文化直接违背了德鲁克管理的最高原则。

传统管理没有在动力系统上形成闭环。用户付钱这个动力源，处于企业管理之外，动力系统只管领导给员工提供动力，没有解决谁给领导提供动力的问题。闭环应该是"用户—领导"+"领导—员工"（"—"这个符号代表作用关系）。现在只有后半截，没有前半截，是开着口的，所以称没有闭环。

张瑞敏指出:"既然管理没有领导了,那领导是谁呢?领导就是用户,所有人都听用户的。过去是员工听领导的,现在是员工听用户的,领导听员工的,其实这就叫管理无领导。"

还有一点需要指出,我们没有把自主经营当作一个独立的原则,是因为自主经营的本意其实就是唯用户是从,并不是说部门自作主张经营,而是部门必须"唯用户是从"来经营。这一点,张瑞敏在2009年"沃顿全球校友论坛"上讲得明白:"每个部门都要面对自己的客户,我们把它们叫作'自主经营体'。"自主的反义是官僚主义。2009年海尔实行全面自主经营体体制,就是为了治疗"大企业病"。之所以叫自主,可以用第三代系统论来解释,说的是将用户与员工当作一个闭环,才能自动循环运转起来,而无须再给一个外力才能启动。

(二)人的价值最大化,需要体验牵引

人是目的,从需要方来说,就是以需求为目的。而反对以手段、生产为目的,为生产而生产,这是海尔"人的价值第一"理念的内涵。在需求方面价值的最大化,首先要区分低价值与高价值,这需要区分物质需求、社会需求与心理需求的不同。海尔强调与用户不能只有冷冰冰的交易,而要进行带有温度的交互。其中,心理需求就是温度所在,心理是知冷暖的,心理对应的是意义,即海尔说的"美好生活",这是传统经济学在框

架中没有的东西，需要用新框架补充。

海尔要求，进入任何一个新的领域都必须做差异化，体现为二维点阵的纵横匹配。这意味着，海尔无形中比其他企业增加了一个多样化效率框架，海尔称之为"换道"，体验就处在换道区。

张瑞敏指出，横轴就是传统的产品收入，一般企业都是做这个，海尔一定要做纵轴，纵轴是用户需求和体验的迭代。做纵轴的前提是横轴一定要"套圈"，在"套圈"的基础上再"换道"。"纵横轴匹配是人单合一模式优化升级框架的主轴，更是模式推进的主线。"

根据理论经济学中信息化与网络经济理论（广义均衡理论[①]）的结论可知，换道的改变在于，将均衡点从 P=MC，移至 P=AC。经济学上称为拉姆齐定价。如果 P=AC 不是短期的，而是长期可稳定的。企业在均衡水平可以获得正经济利润（同质化竞争则只能获得零经济利润），AC–MC 就是差异化带来的增值。

生活 X.0（用户体验）与工业 4.0 是一个相反概念，前者是从需求角度定义的，后者是从供给角度定义的。双方在换道区，有一个交集，这就是 simplexty，用海尔的概念来说就是三易。三易在经济数学中，就是多样化效率曲线，表示要处理的业务越多样化（即越"变易"），越有收益价值，平均成本反而越低

---

① 姜奇平.网络经济：内生结构的复杂性经济学分析[M].北京：中国财富出版社，2017.

（即越"简易"）。

实现多样化效率的关键在于把效率转化为效能，也就是区分固定成本（基础业务）与可变成本（增值业务），前者由集团企业提供，或越出企业在网络使用权边界内分享，通过打破"花园围墙"获得；而后者创造差异化值，并补偿平台的固定成本投入。如张瑞敏指出的，海尔洗衣机和酒柜的小微已经实现较大的生态收入，再进一步，发展的目标就是安德森在《免费》中说的那样——硬件免费，收益来自软件和服务方案，这就倒逼生态圈要做得非常大。

生态圈在此特指由企业（硬件平台）+增值服务（创客）及外部资源共同构成的资源"使用"共同体。诺贝尔奖获得者梯若尔认为其本质是一个反科斯型市场，即可以将外部性直接在市场之内加以内部化。为此，他解析了生态内部的价格结构与倾斜式定价的原理与模型。生态中的使用是特指的，是指"物联网时代产品经济终结，替代它的是服务方案经济（或使用经济），这是谢弗尔《工业X.0》中提出来的。谢弗尔认为用户要的不是产品本身，而是通过产品带来的服务方案。海尔则把这里的服务方案进一步升级为与标准化服务不同的体验服务方案。

三、带领每一位创客成为创业家

张瑞敏在发表于《中外管理》杂志上的《让每个人成为自己

的CEO》中说:"我认为:每个企业CEO的成功,不在于企业为社会制造了多少产品,而是制造了多少'CEO',是否打造了一个让每位员工实现自身价值、让企业实现永续经营的平台!"

海尔人这样区分卓越与引领:"'卓越'更侧重于企业家个人的优秀;而'引领'却是带领每一位创客都能成为卓越的创业家。"①

我们把这概括为企业创造企业家的原则。这里的企业家特指员工、创客、小微主。

海尔模式把企业的使命归结为创造创客、创造企业家。企业不仅可以创造价值,而且可以创造企业家,意思是,不仅可以把企业家变为创造、创新之人,而且可以把普通的员工变成具有企业家本质的人。管理学不仅像小乘那样,能度少数精英,而且可以像大乘那样普度众生。这是有史以来管理学对人性的最深入的洞察与发挥。

我曾请教张瑞敏这一思想的由来,张瑞敏告诉我:"这与企业目标有关系。原来的目标是成为白色家电最大企业,现在是要提供整体解决方案,为此要与用户交互,建立生态系统。找一个仅仅是执行的人肯定不行,要由人自己主动创造,成为创造者。生态在变化,怎么创造?靠多边市场。解决为什么要创造的问题,需要每个人都变成企业家。科层制没法成就企业家,

---

① 只有引领才能生存 [J]. 青岛:海尔集团,《海尔人》报, 2018-01-17.

因为员工只是大机器上的齿轮和螺丝,要一步步让员工创立小企业,把大企业变小。原来做白电,大也只是人员增加而已。现在洗衣机变成衣联网,要提供全程服务,把服装等也吸引进来了,企业裂变,拆成一个个的企业家,自己想办法生存,就像当年红色割据一样。老一辈人跟我讲,他们当年红色割据时,发展得最快。周围都是敌人,必须自己作决定。"

我提到国民党将军白崇禧在回忆录里说,四野的队伍被分割成班了,仍然还有战略行动力,就好像人人都是 CEO 一样。张瑞敏说:"四野实行的是一点两面三三制,把敌人冲乱了。其实对我们启发最大的是三三制,一个班分成三个战斗小组,互为犄角。我们做小微,就是把班再往下分。一下使人活起来,不是班长也可以是头。"在这一点上,海尔与阿米巴明显不同。阿米巴分权到自主管理班组,没解决班组以下的自主管理问题,领导是裁判。海尔细分到了小微,一个班可以分成三个小微,用户是裁判。创造企业家这一原则,体现在海尔管理过程的始终。

在管理的领导环节,或者说动力环节,管理 3.0 认为,企业的使命是创造企业家,即把员工变为特定意义上的创造价值的人。这决定了管理 3.0 对个体行为基础的理解,不同于管理 1.0 和管理 2.0。张瑞敏在接受《中外管理》杂志采访时说:"如果让每个人直接面对市场,也就是每一个人都像老板一样,都像经营者,自己来经营他自己,来发挥他最大的创造力。我们称这个为 SBU，即经营自己、经营市场。"此后，SBU 又发展成创客、小微主。

海尔模式领导理论研究人的行为的出发点，不是利用员工，而是创造企业家。特指把员工创造为具有企业家（CEO）能力的创客（小微主），是要把员工的企业家潜力发挥出来。管理3.0 的重点不是由领导来领导员工，而是由用户来"领导"员工，而由企业领导为这种"领导"关系提供服务，这个过程是用户领导员工与企业领导的人单关系合一过程。

在管理的组织环节，海尔平台的第一种战略功能，是服务于"企业的使命是创造企业家"这一目标。这一目标也可以表述为企业的目标是创造创客。海尔以此为主题，第三次登上哈佛案例的舞台。

海尔所有的实体平台，都有一个战略性的功能，就是成为创新、创业平台。企业内创业，过去在惠普等公司，是作为主营业务的后备加以鼓励的。而海尔是把创新、创业本身，当作主营的增值业务。这是由海尔的核心价值观决定的。双赢的精髓在于创新创造价值，落在人身上，自然就是创造一批创新、创造之人，与管理 2.0 不同，这些人是最底层的员工。这就把员工变成了真正的企业家，从而最大限度发挥了人的潜力。通用模式再发挥人的潜力，也只是发挥经理以上阶层的人的潜力，而无法把员工身上的企业家潜力调动出来。这个力度显然大得超过了德鲁克所提"人人都是 CEO"的尺度，变成人人都是企业家了。从这个角度说，海尔让平台承担创新、创业平台功能，有其内在必然性。

在管理的计划与控制环节，海尔的预酬与人单酬制度都体现了创客价值。这种价值在员工身上体现了企业家的价值，员工的报酬不再是雇佣制的工资，其如果按创客和小微主的行为模式去做，可以直接获得企业家报酬。当然，这与一般人说的老板稍有区别，企业老板无论是否创造价值，都有产权保障的利润作为报酬，而创客的企业家报酬只是当期的企业家报酬，创客当的是临时企业家，当然这已是一个了不起的创新，因为管理 1.0 和管理 2.0 并不能给普通人提供这种机会。如果创客持续通过业绩表现出创新创造的能力与价值，其也可以连续得到企业老板一级的报酬，直至其直接转变身份，变为小微主，正式成为创业企业家。

海尔除了在整个管理体系设计中体现创造企业家这一使命，还身体力行打造专门的创业平台。2014 年成立海创汇，依托海尔生态产业资源及开放的社会资源接口孵化创客，实现创新与创业、孵化与投资结合。海创汇为创客提供包括投资（创客金融）、供应链（创客渠道）、工厂（创客工厂）、技术（创客服务）和学院（创客学院）在内的一站式孵化服务。如今，海尔生物成了创造企业家的最佳实践单位。

创造企业家体现了人的价值第一的精神：

第一，通过最大限度地发挥人的潜力，体现公平，"给人以公平感"[1]，使人产生趋向高级目标的内在行为动力。用德鲁克的话说就是"体现个人尊严和机会平等"。管理1.0和管理2.0（特别是丰田模式、京瓷模式）相对而言的不公平之处在于，给领导、高管的机会多，而员工、用户的潜力难以发挥。海尔模式的公平体现在给所有人实现自我的机会，特别是通过激发员工动能，实现自我驱动。张瑞敏曾感慨西方企业，"大企业哪有平等"，但他开创了在大企业中实现平等的先例。"海尔通过平等用人的机制，告诉每一位员工，他们中的每一个都是人才，都能在工作中超越自己、更新自己。海尔的每一步发展，都是全体员工创造性劳动的结果，而这结果又反过来激励着他们进一步去发挥自己更大的创造力。企业因此永远有活力。"[2]

第二，通过系统闭环，实现自驱动意义上的自治。海尔模式与众不同之处，是将用户需求内生于企业，从而获得系统循环自驱动的闭环。形成用户驱动创客、创客驱动领导的"永动机"动力循环系统与传统的领导驱动员工、员工驱动顾客自上而下的动力系统，从而解决了企业自我驱动的问题。

---

[1] 文正欣.张瑞敏谈战略与管理[M].深圳：深圳出版发行集团、海天出版社，2011：97.
[2] 文正欣.张瑞敏谈战略与管理[M].深圳：深圳出版发行集团、海天出版社，2011：108.

四、攸关各方增值的商业模式

海尔管理的总原则是人单合一双赢,这是一个攸关各方增值的商业模式,强调通过供求各方的增值体现人的价值。

(一)海尔生态概念的进化

海尔生态概念的前身是合工。合工的概念来自钱皮和哈默。合工理论(Theory of the Combine of Labor)是管理学一个新的理论前提,它向传统的分工理论提出了挑战。张瑞敏是从战略上来认识合工的,对钱皮和哈默的原概念有所升华,可以把张瑞敏说的合工直接理解为合作共赢。

有的人把人单合一错误地理解为一种平衡(供求平衡)。但人单合一可以是一种经济上的均衡,却不能是一种静态均衡,即平衡,平衡意义上的均衡被熊彼特讥讽为经济的循环流转,意思是只达到价值转移的进出平衡,但却没有创造出新的价值。量子管理学的波粒二象性,强调的就是一种动态性、不确定性。张瑞敏说:"有序的平衡结构实际上就是一个超稳定的死结构;有序的非平衡结构才能根据外部变化实现不断调整。"[1]

海尔的哲学不是平衡,而是开放条件下复杂性系统的非平

---

[1] 文正欣. 张瑞敏谈战略与管理[M]. 深圳:深圳出版发行集团、海天出版社,2011: 129.

衡结构。张瑞敏说："我们追求的是有序的非平衡结构。只要这个企业每天是开放的，每天和外界交换信息，那么这个企业不可能平衡。一旦进入一个所谓的平衡阶段，效率低下、办事缺乏速度等大企业病随之就会产生。"① 这一观点与德鲁克如出一辙，德鲁克也认为："组织的宗旨是解放并激发人的能力而不是使它对称或和谐。"②

双赢实际是对人单合一均衡的限定，排除了零利润均衡（同质完全竞争均衡），而仅限于具有可持续利润的均衡（异质完全竞争均衡，或垄断竞争均衡）。供、求两个方面的增值，就是指在边际成本之上的定价所带来的价值。传统经济学认为这是短期均衡（认为创新与个性化在长期都会归于"热寂"），而海尔的双赢是开放条件下的均衡，因此把系统有序度的提高，以及在用户需求中的高耗散［需求的满足是社会系统从有序（有钱）复归无序（快乐）。用户追求美好生活，会带来高度的耗散（快乐值的提高），所付出的代价，是付给对应供给方高附加值的溢价（有序值）。］当作根本性的原则。海尔双赢原则是复杂性范式下的价值原则，而零和原则是简单性范式下的价值原则。

对企业（供给方面的）增值来说，双赢针对的是零和博弈。零和博弈的原理是传统管理学背后隐含的新古典经济学零利润

---

① 转引自曹仰锋. 海尔转型：人人都是CEO[M]. 北京：中信出版社，2014: 392.
② 转引自曹仰锋. 海尔转型：人人都是CEO[M]. 北京：中信出版社，2014: 393.

原理。零利润是指零经济利润,即企业有会计利润,但整个经济没有利润。没有经济利润的原因是,在 MR=MC 条件下,同质化完全竞争达到均衡时(P=MC 时),企业的微观利润(即会计利润)与微观亏损会相互抵销。一方的得,会是另一方的失。因此,企业与企业之间不可能双赢,而只能是零和博弈。

双赢则是指企业既有会计利润,整体也存在经济利润,这意味着企业间的会计利润相互抵销后,经济利润是正的。一方得,另一方也可以得。它对应的经济学原理在于,在同样的 MR=MC 条件下,差异化(如供给方面的创新、创造,需求方面的个性化、体验)使得均衡点高于边际成本而等于平均成本(P=AC)。这一均衡是基本面上存在利润的垄断竞争均衡(即差异化均衡)。这里的高附加值是指由于差异化形成的高于边际成本的定价带来的附加值。

(二)利益相关人的生态利益的价值来源与均衡基础

双赢分为企业与企业间的双赢,以及企业与员工(创客)间的双赢等形式。对企业内部来说,涉及资本方与劳动方的双赢,在增值中共赢,通过合作分成实现。对用户(需求方面的)增值来说,要通过为终身用户创造体验价值实现。

因此双赢要求高单,即高于边际成本定价的订单和用户价值(而顾客价值往往只是等于边际成本)。双赢原则的背后,要有与传统管理学不同的经济学假定，实质区别在于，传统管理学假定垄断竞争均衡（对应创新、创造）不是经济常态，因此不符合帕累托最优（这是因为新古典理论漏算了范围经济，而预设了不符合网络经济实际的范围不经济，相当于认为完全竞争会导致热寂）；而海尔双赢原则却隐含着创新是经济新常态的前提假设（如海尔假设在开放条件下，系统有序度会提高），因此垄断竞争均衡符合广义的帕累托最优，即内生差异化（如范围经济）后的帕累托最优。

同质完全竞争（传统中国制造）均衡与异质完全竞争（中国创造）均衡代表的都是一种全局现象，是企业微观行为达到的客观效果。企业可不可以主动选择其中一种均衡作为人单合一的实现方式呢？在管理学中，战略就是用于处理这样的问题的。企业不可以选择全局是中国制造还是中国创造，但可以通过自身战略与其中的某一种路径相一致。方法就是看会计利润与经济利润是否一致。

海尔的双赢有其历史渊源，当绝大多数中国企业还在选择成本领先战略（打价格战）时，张瑞敏在早期就提出差异化战略（与后来信息化、网络化后的差别只在于高成本差异化与低成本差异化）。两种战略在微观会计上很难区分彼此的利润，但在经济学上的区分却很明确，就是全局差异化在均衡点上有一个高于全局非差异化的均衡价格之差（它构成了海尔高单的价值来源）。这意味着，实行成本领先战略，在完全竞争理想条件下，只能有会计利润，不可能有经济利润，此即这种利润"不可持续"的原因，意思是你有我就没有，此一时有，彼一时就没有，局部有，全局就没有。企业博取这种会计利润，只能靠术，不能靠道。而实现差异化战略，在完全竞争理想条件下，可能产生一块不需要与其他企业抵销的溢价作为利润，因此说它是双赢的。

（三）股东在生态中的地位

2023 年 9 月 16 日中午，我向张瑞敏请教，如何向股东解释人的价值最大化。意思是，不提股东价值第一，会不会让他们认为自己的价值受损。张瑞敏回答之前，先问我怎么看。我想了想说，是不是可以认为，人的价值最大化是生态价值最大化，强调利益相关人的价值，有助于打造一加一大于二的效果，股东自己应得的那一份也不会在共赢中减少。张瑞敏说，还是应从价值的动态创造中解释。这比我站得更高。我理解，其中意思是说，生态价值是一种生生不息的价值创造。强调生态价值，是在强调创造新价值，而创造新价值才是共赢的基础。总之，把蛋糕做大了，才能分好蛋糕。

这令我联想到，张瑞敏在第三次哈佛讲堂上的演讲中指出：人员理念应该从"股东第一"变为"员工第一"。股东只能分享利益，从来不能创造价值。员工第一，指员工和用户的价值合一，员工能够创造出用户价值，股东价值也就得以实现了。所以，股东价值只是一个结果，却不能成为宗旨。

第二节 数据时代，普通人的生活还有价值吗？

2020年3月，国家提出加快5G网络、数据中心等新型基础设施建设进度，也就是"新基建"。在网络上，很多人称中国是"基建狂魔"，指的是中国在道路交通、城市建筑、水利工程等方面的迅速发展，"新基建"中"新"字的区别也体现在这里。

那么，为什么5G网络、数据中心、人工智能这些在传统观念里偏向于"虚拟"的事物，在今天会成为"基建"？在这其中，是科技发展在塑造着新的观念，还是旧观念在自我补充进化？

数据时代，到底什么是生产性的？从某种意义上来说，需要重新定义"生产与消费之间的关系"。

按照经验，人们"默认"工业生产、制造是生产性的活动，金融、数字化等虚拟经济都是非生产性活动。因此做投资时，就应该重点投资铁路、公路、机场方面。

但是，我们现在要向"新基建"投资，其中一个重要的理论依据是我们需要将过去被认为是非生产性的活动理解为生产性的活动。

文章分为三个部分，将通过三个问题的正、反、合来展开讨论。

第一个问题："生产"的本意是什么？

第二个问题：与生活对立的生产，到底是什么？

第三个问题：如果从生活的角度来理解生产，会是怎么一回事？

一、"生产"的本意是什么？

（一）"生产"的本意

按照以往经验，我们有一种印象，即制造活动都是生产性的。但是，我要"否认"这样的观点，因为在人类历史上，这种观点持续的时间其实很短。

那么，最初的"生产"是什么？

现代经济活动被分成三个部分：农业生产、工业生产和信息生产。我们看农业生产，农业生产有五千年，是"生"和"活"的组合。

按照这个定义，"大羊生小羊"是生产，因为"生"出了"活的"东西。果树结果，也是一样的道理。

相反，制造活动就是非生产性的。

比如，魁奈就认为制造活动是非生产性的。他认为只有农业生产才能生产新财富，商业贸易和各种劳动都是有用的，但是没有增加财富，就不能称之为生产。

所以他特意起了一个名字"不生产阶级"，农民、地主都是"生产阶级"，手工业、商业、工业的资本家是"不生产阶级"。

即生产的本意是"产生"——产生财富。

（二）生产性的判断标准

如果按照"产生"来说，农业自然是生产性活动，工业则是非生产性活动。到工业时代，工商业是生产性活动，服务业是非生产性活动；到服务业时代，工业、农业、服务业都是生产性活动。

那么，生产性的判断标准是什么？

大家都认可的，是其产生价值。

从经济学角度来讲，生产性活动、非生产性活动的区分在于价值的产生或财富的创造。

因此，具体到生产方式上，有人就会认为新的生产方式不是创造了新价值，而是转移了过去的价值。

紧接着上面的思路，如果我们用一种先进的生产方式来看，就可能会出现制造活动不是生产性活动的看法。

熊彼特就是典型代表。他认为工业制造不创造价值,而是物质的循环流转,也就是从旧价值中产生旧价值,只是旧价值的量会发生变化。

比如,去年生产100瓶水,今年增加到106瓶,并没有创造新价值。

(三)"创新"的生产性

那么,什么是生产性的?

创新,必须要创造出新的价值——从过去没有的东西里产生新东西(注意,这里区别在于对什么是新价值的判断角度不一样)。

那么,创新的作用是什么?从供给角度来说,是实现差异化。

但是,熊彼特认为这不是工业的特征,而是服务业的特征,因为工业注意的是标准化、无差异化。

这就叫板我们认为的生产性活动,未必是真的。

但是,如果逐步过渡到生活本身,我们会发现,很多价值是生产所不能包含的,比如情感价值、快乐价值。

二、与生活对立的生产,到底是什么?

所谓的生产性活动,今天的我们可能身在其中于是不知其所以然。但是你必须明白,在学理上,"生产"是什么意思?

为什么要提这个问题?

因为,如果不对"数字经济活动是否是生产性的经济活动"去做辨析,那么今天做的很多事就没有价值。

(一)价值的意义

《知识价值革命》告诉我们:知识创造了价值与使用价值,但没有指出与制造活动相比,它会产生一个更高的附加值,而高附加值是朝阳产业的重要特点。

交换价值是哪儿来的?是亚当·斯密与魁奈辩论的结果。

亚当·斯密总结出了"交换价值",也就是"抽象价值"。即使用价值是具体价值,交换价值则是抽象价值。

而魁奈的"错误"在于他没有识别出除具体价值之外,还有一种新价值叫作抽象价值。所以他们在衡量具体价值的时候,用的是物理量单位。

工业革命初期,重农学与劳工学派在争论什么是生产性活动时,举了一个例子:木材变成桌子之后,其价值是增加了还是减少了?

重农学派认为把木材加工成桌子,其价值减少了。因为重量减轻了,体积变小了。他们考虑的都是具体价值。

但是,劳工学派认为重农学派忽略了抽象价值。认为加工制造创造了的价值,"看不见、摸不着"。

所以,什么是生产性活动,取决于你对价值的判断。而对价值的判断,取决于你用什么样的生产方式。

交换价值"看不到、摸不着",于是古典经济学创造出了"货币衡量法",把体积、重量上看不到的东西显现出来。

由此,我们得出结论,当我们将制造活动当作生产性活动时,是对交换价值的一种认同。

(二)"非同质化"的价值

但是,有人又要说:服务活动没有制造的本质特征,经常是一对一的非标准的具体的经济活动,而非一种简单抽象劳动。服务活动具有差异化、多样性和异质性特点。

那么,我们应该如何来理解服务?对此,斯密留下了一个线索即效率。

斯密认为分工才能创造财富,"多样化和专业化的发展是分工发展的两个方面"。

斯密认为,分工发展一方面扩大市场规模,另一方面扩大市场范围。财富来源中,专业化分工带动的是大规模生产,多样化分工带动的是多样化生产。慢慢演变为规模经济与范围经济。随着经济发展,就会慢慢产生财富。

而按照谢伏瞻先生的观点,进入互联网时代后,范围经济正在逐渐取代规模经济成为产业组织的主导逻辑。

这时，对价值的看法也会产生变化，产生类似熊彼特式的看法即同质化是一种价值，而与同质化相反的也同样具有价值。因此也算"生产"或"产生"新价值。

这种价值和交换价值有非常大的不同，在理性之外可能存在高潮现象，比如说听歌剧、看足球可能也有一个高潮，对应自我实现的高峰体验。

而这部分的价值是什么，就是我们要讨论的重点。

这部分价值来自分工的多样化——当满足生存发展的需求之后，就会出现高峰体验等情感类非理性需求。一般称之为体验需求。

那么，幸福、快乐到底是否具有价值？产生幸福、快乐的活动，到底是生产性活动，还是非生产性活动？

而且，还要考虑生产生活一体化。今天，生活本身成为生产，而生产本身又和生活结合。

（三）创造新价值

回到互联网，数据产生的价值是什么？

按照"生产要产生新价值，新价值不同于交换价值"的观点，价值指出了我们为什么而生产——生活作为生产目的，具有内在价值。因为生活与消费结合在一起，消费本身就是生活。

比如我要给自己浇花，是不是生产性活动？因为我得到了幸福活动，虽然没有在市场进行交换，但从这种活动中"产生"了幸福、快乐。

① 附加值

我们要重新定义"创造新价值"，对此要把"附加值"与"增加值"两个概念区分开。

我们现在把新价值分成两类：一类是同质化价值，主要是由制造活动推进，用增加值表示；一类是差异化价值，主要是由服务活动推进，用附加值表示。二者定义都是增加新价值，但对新价值的定义不同。

这时，我们就会发现"信息知识创造了使用价值和交换价值"这个说法是有问题的，它只表明信息和知识创造了工业生产方式之下的价值，而没有把附加值的特殊性凸显出来。

所以，现在的问题是，附加值或者说熊彼特意义上的附加值到底是什么？

比如，创新供给的差异化和体验需求的差异化结合在一起，我们称之为高质量发展。其中，"质"起决定性作用，而非"量"。

它会产生零经济利润之上的价值。所谓零经济利润，是边际成本等于边际收益获得的价值，也就是完全竞争（无差异竞争）。

如果加上差异化之后，新的价值就是垄断竞争定价，也就是边际成本定价变成平均成本定价，边际成本与平均成本之差，就是我们说的新创造的价值。

② 高质量发展

熊彼特对"创造新价值"的定义是，只有创新才能创造新价值。只有创新是生产性，无创新则是非生产性。

而杨小凯当年的原话则是："多样化和专业化的发展是分工发展的两个方面，存在两种生产，生产'量'与'质'。"

生产质也是一种生产活动，因为它产生了新的价值即差异化价值，可以由交换价值换算，但是必须在交换价值上再加上"AC–MC"（平均成本–边际成本）的附加值。

美国经济学会会长鲍莫尔则提出"音乐四重奏的效率"来暗示服务业到底有什么效率。

按照原来的观点，服务业不是生产性活动，它的效率低于制造业，但是在 GDP 中的比重却越来越高，这不是反生产力现象吗？

实际上不是，鲍莫尔已经认识到在原有的价值和专业化效率之上，还有另外一种本质上不同的效率与价值。

比如，如果按照同质化的观点来看，小提琴拉得越快效率越高，但是会跑调。

因为音乐会不是跑马拉松，不是追求更快更高更强，而是通过音质和音色上质的变化来响应人心，因为人心是最细致的东西，这是一种生活的价值、质的价值，是幸福与快乐的终极价值。

过去，经济学只是研究价格与数量之间的关系，同质性是基本假设，不讨论多样化的问题。

最后，传统制造达到极限之后，突然发现不合算是因为没有高附加值。这也是现在我们为什么要发展数字经济，为什么要提高质量发展。

（四）数字化的本质

数字化的本质是什么？

说到底，我们是要借助数字手段来实现工业化与信息化的融合，向附加值更高的点去发展。

这时，我们就会产生一个根本性的反思：非生产性活动里包含了两种误会，一种是认为信息服务是非生产性的，一种则是认为服务活动是非生产性的。

它们有一个共同之处，即将差异化活动加以贬低。

但是，如果我们反向推导，假如我们是亚当·斯密，我们的对手意识到了具体价值与抽象价值，但是没有意识到差异化价值和体验价值时，我们应该怎么说服他们？

最早醒悟过来的是美国人，美国人在 2004 年指出：信息技术革命是一个关于服务业的故事。

也就是说，美国人意识到农业和工业后的第三个阶段，既是信息业，也是服务业。两者只有供求的区别，信息业是供给，而服务业是需求，一个是对差异化的供给，一个是对差异化的需求。

吴敬琏先生在 2008 年接受这个说法，他说："ICT 革命是一个服务业的故事。"

但是,现在有了一个新的词汇"第四产业",特指服务化,而不是服务业。因为服务业是第三产业,服务化是用差异化的方法,同时从事一产、二产、三产。

当用差异化方式从事一产时,叫作农业服务化;用于二产时,是制造业服务化;用于三产时,是服务业服务化——从过去的服务标准化转向服务个性化,用个性化的方式来做服务,以区别于服务业产业化,即用制造业的标准化方式从事服务。

(五)信息的意义

那么,信息起什么作用?

在第四产业里面,通过信息达到精准。因为同质化制造活动不需要精准,需要精准的是差异化。

周宏仁也认为,Industry 翻译成工业,纯粹是中国人翻译错了,应该是产业化,也就是用标准化或者无差异化方式从事生产。

同理,数字经济是由信息产业+现代服务业,或者第四产业共同构成。

我们在研究里面,曾经定义为广义的信息服务业,这不是信息产业内部和软件业、通信业并列的狭义服务业,而是指服务于一产服务化、二产服务化、三产服务化。共同特点是增收。

比如,农业过去从类似制造性的活动变成以增值为特点的活动，最后让农民得到福利。

实际上，信息业与第四产业是供求关系，也就是信息业是供给精准武器（赋能），而第四产业应用精准工具满足需求。二者在经济本体上可以概括成创新或体验的价值。

三、从数据中"产生"什么新价值

（一）生活的生产性

一个标准化生产的世界，往往对人是非常陌生的，它往往忽略每个人的具体性，所以显示出对人的冷漠。但是每个人的生活方式是不一样的，面对不一样的东西，我们为它服务，创造出的价值会如何表现呢？如何从"看不见、摸不着"变成可显现的呢？

第一种观点是对非货币结算的"生活"活动计算价值。举个例子，澳大利亚国家统计局提出"整体经济"，即将"GDP 改为社会收入总值"，将家庭部门与市场部门的贡献计算在一起，社会收入总值比 GDP 增加了 35% 以上。

生产计价的特点是通过货币交换计算。那么，如果不通过货币交换，还有没有价值？比如，自己在家做饭、种花、打扫卫生等。但在传统计算方式里，这些都不属于生产性活动，都不计入 GDP。

这就是我们现有生产性观念的局限性，但却忽略了生活本身就是具有生产性的，因为与生产一样具有实现幸福、快乐的价值。又如，增进使用本身也具有价值。也就是说传统的观点要求我们"为生产而生产"，但要将无目的生产剔除掉。

比如共享经济提出的"价值不使用就是浪费"。一辆车本身可以使用20小时，你只使用了2小时就被浪费了，可能因此认为是非生产性。

什么是生产性？如果把车借给邻居，有可能创造了价值，比如增进邻里友谊且物尽其用。即使没有通过货币结算，这种活动也有价值。

第二种观点是马克思的观点。认为价值分为"价值"与"使用价值"，以及"具体劳动"与"抽象劳动"，还有一种更高级的价值，就是自主劳动。

他认为人们摆脱工业化阶段，进入未来社会，就会出现自主劳动，表现为在家办公，自得其乐。

（二）理解信息活动的意义

今天，当我们要将数字经济里在过去认为非生产性的活动（信息活动和服务活动）理解为生产性活动时，首先要解决一个问题，就是创造的是什么新价值以及产生了什么？

产生了差异化、异质化的价值。

而经济上说的差异化、多样性,是人本价值,把人当作目的而不是手段。它既具有抽象价值的抽象性,更具有个人感性的具体性。

所以,我觉得未来数据对价值的计算将是对精准的对焦,既不是望远镜,也不是显微镜,而是聚焦镜,它让人们在生产的时候实时聚焦到最终的目的,使得生产不至于盲目。而这样的价值,对应的是所有有助于增进国民幸福总值的活动。总之,理解信息活动也是生产性的活动,有助于我们实现更多幸福与快乐。

第三节　Web3.0 的深意

信息社会 50 人论坛将 Web3.0 列为 2022 年信息社会十件大事之一,想一想是很有道理的。Web3.0 正成为 2022 年互联网的新热点。随着周星驰在社交账号发布 Web3.0 人才招募令,Web3.0 热潮开始向社会蔓延。Web3.0 随之也从一个专业概念,变成大众概念。不过,大众化也可能使事情变得肤浅化,为此需要了解 Web3.0 的深意。

为什么需要了解 Web3.0 的深意呢?因为事实已反复证明,积极拥抱新概念的,第一批往往是技术人员,第二批一定是骗子,第三批才是媒体和大众。因此不了解清楚新概念的底细,往往会成为入局的开始，Web3.0 就是这样。Web3.0 一开始被描述为运行在"区块链"技术之上的"去中心化"的互联网。但大众接触时，其描述已变成了这样："Web3.0 主要与基于区块链的'去中心化'、加密货币以及非同质化代币有关（维基百科）。"没错，骗子经常出没于炒币这个领域。它们像蝗虫一样，吃光上一个新概念的田，就会飞向下一个新概念的田。单纯从字眼上看，这一描述也没超出 Web3.0 范围。但如果你不是专搞这一行的，而且真信了，那节奏已被带偏了。就像明年将兴起的数字藏品，过几个月一定会被炒币一族带偏。

大众如何准确地理解 Web3.0 呢？不妨听听不掺杂利益的第三方的定义。例如信息社会 50 人论坛的描述是："Web3.0 网站内的信息可以直接和其他网站相关信息进行交互，能通过第三方信息平台同时对多家网站的信息进行整合使用；用户在互联网上拥有自己的数据，并能在不同网站上使用。"用热门概念通俗地解释，这相当于说，Web 模式正从"以资本为中心"向"以人民（网民）为中心"转变。这就是 Web3.0 的深意所在。

"以资本为中心"，在此针对的是以平台为中心的 Web1.0、Web2.0。例如 Web2.0 的数据掌控权在平台方手中，用户不得不放弃对自身数据的掌控，才能参与应用；而且对自身信息产生的利益没有分成机会，且不同平台间关于自己的数据，不能由自己做主打通使用。为什么说 Web3.0 的要点在"以人民（网民）为中心"？因为这里引进了欧盟 GDPR 中的数据可携带权概念。

Web3.0为用户提供了数据"自由迁徙"的可能。比如你在某平台发布的任何内容，可以随时带到其他任何平台（用浏览器即可），不需要下载也不用担心平台会删除你的内容而找不到。因为下个应用可直接访问开放协议的数据连接用户，数据不属于服务提供方。这就好比你的病历由你携带，由你决定展示给哪个医院的哪个大夫；而不是把你的病历扣在医院，你与其他医院大夫都不能看。这就是所谓的从以资本为中心，变为以人民为中心。

当然，目前"正派人"对Web3.0的定义也有一个问题，其中的西方，具体来说欧洲大陆法系观念的味道过重。它强调Web3.0"通过区块链等技术手段使得内容的所有权将归于个人"。中国和美国的下一步实践会证明，更平衡的说法应该是"以用户为中心的应用生态，用户可以持续拥有内容的所有权和使用权"。信息只拥有而不使用，并不是方向，大方向是使用而非拥有。

第四节 网络文学如何"讲故事"

"讲故事"比喻的是，采用与理性经济人相反的方式，提供产品与服务。

论"讲故事"的方法，最专业的当然是文学艺术专业，经济学专业讲故事反而是业余的。诺贝尔经济学奖获得者罗伯特·席勒已经意识到这个缺点，开始写作《叙事经济学》。但再怎么总结"叙事"规律，也不如有上千年历史的文学理论来得专业。我们索性来看看那些专业的人是怎样讲故事的，从中思考如何把"讲故事"的技巧用到产品和服务上去。

一、小说为什么变得这么长？

网络文学现在变成了一个热门的行业，非常赚钱。我们可以把网络文学和传统文学当作两个不同的物种，前者是产业，后者是事业。事业往往是不赚钱的，但产业必须赚钱。

我们从商业角度观察到的第一个规律是，文学往往属于产品业态，而网络文学几乎全部都是服务业态。

二者所属的业态不同，这从收费模式可以看出来，以产品为业态，按作品整体（一本）一次性收费，而服务则是反复收费，以章节为单位，一次次收费。

这首先影响到内容的长度。网络小说一个明显的特征是非常之长。传统长篇小说顶多一百多章，但是网络小说动辄上千章，甚至五六千章。

之所以这么长，是因为只要有读者肯付钱（打赏），平台就会鼓励作者一直写下去，直到没人交费为止。这种服务收费的方法直接影响了内容的写作。例如，打怪升级成了一类小说的固定模式。

例如，一部武侠作品，开始写的时候，不知后来受欢迎的程度，写到一千章以后，读者还在打赏，平台就要求继续加内容，武功升级的境界不够用了，开始还按数字列一级、二级……写到后面级别不够用了，只好编文字的。有一部作品，光境界名就有如下一大串：金身境、御气境、凌空境、通幽境、神合境、万法境、真万法境、御法境、真御法境、破空境、源境、阴境、无上之境、圣境、造化境、道境、始道境、知道境、证道境、掌道境、天道境、封帝、神境、至境、巅峰至境、半步登封境、登封境、半步未知境、未知境。如果串着几部小说同时看，往往忘了境界中哪个高，哪个低。

有的小说，前一千章还是都市内容，写到两三千章以后，没东西可写了，只好变成玄幻内容，题材都变了。一般作者很难驾驭两千章以上的写作。有一部小说，内容拖沓，作为主要线索的一个"马上就要开"的大会，到了两千多章，还在"马上就要开"。有的小说，如《万古神帝》，前后内容难以连贯，前一千章写地球上的内容，还有细节和人情味儿，写到二重天，三重天……九重天以后，就变成机械重复的武打，更像是物理学作用与反作用的案例集，只是武功高手一掌下去的力度，从轰垮一座山，变成一千座、十万座……依此类推，让人恍然感觉作者的物理学是体育老师教的。

这些都是内容从产品业向服务业转型出现的新变化。

二、"讲故事"的原型定位于情感宣泄

小说写得那么长，没有内容可写怎么办？按服务的规律制造内容，一个重要方法就是利用原型作为模板，批量复制。由于这样没有文学性可言，在此只是作为商业技巧来研究。

内容业与制造业有一个重要的不同：制造业的产品一模一样可以重复，而作品一模一样，则会被当作抄袭。所以内容业是典型的个性化定制业。但讲故事也有自己的规律，像制造业有自己的生产模板一样，内容业也有模板，称为原型。平常说，爱情、战争是永恒的主题，指的就是每个故事内容千差万别，但爱情片、战争片都有一些固定套路。

传统小说和网络小说在这方面也有差别，传统小说整部作品往往只有一个原型，包括传统章回体小说，如《西游记》和《水浒传》，每个单元的内容也极少重复。而网络小说可能每一单元内容都在重复同一个原型。

举个例子，"窝囊女婿"题材是网络小说中的一大类别。类似武侠题材中的"扮猪吃老虎"原型，"窝囊女婿"原型的固定模板往往是欲扬先抑，前边，所有人极力贬损主角的无能、窝囊；后边，主角以惊人表现颠覆所有人的成见。情节往往离奇乖张、不讲情理。

《女神的超级赘婿》第八百三十三章"亿级礼服"就很典型。小说前后近千章，翻来覆去就是不断重复"贬人受辱＋斗

富扬眉"这一原型：在江城的聚会上，贸易大佬，还有餐饮业、珠宝业、服装业的巨头云集，场面上说的都是这样粗鄙、恶俗的话，把主人公贬成这个样："这个林阳可是江城出了名的废物，他是苏家的上门女婿，整日游手好闲，吃着女人给的软饭！""可这个家伙是苏颜小姐的丈夫啊！她丈夫是个废物，废物能配得起我这衣服吗？""哎呀，苏小姐，我说你还守着这个废物干什么哪？一个只会吃软饭的废物！什么本事都没有！哪配得上你？""没错啊苏小姐，我看你还是跟这个废物离婚算了！你还年轻，可不能被这个家伙拖累一辈子啊！"

一套被超级赘婿林阳说成"七千三百块"（实际略了"万"）的服装被富人当地摊货毁掉，最后情节反转，富人赔都赔不起。"这套希望之花为女款，还有一套是男款，合起来名为'希望双花'，是由意国国宝级大师桑德罗先生亲手缝制的礼服，一共只有两套，一套陈列在意国国都服装展览馆，一套已经售出，桑德罗先生今年已经七十九岁了，这套服饰可能是他的封针之作，因此这套礼服在拍卖会上的价格可能会更高，我估计至少是一亿元起底！拍个五亿十亿元都有可能，上不封顶！"

胜利的超级赘婿林阳拿着订单合同，冷视着众人大声喝道。接下来写众人目瞪口呆：一个窝囊废！一个上门赘婿！一个只会靠自己老婆存活度日，吃着软饭的废物！居然购买了全球最为昂贵的礼服……

网络小说经常还有更夸张的写法，赘婿亮出惊人的真实身份，顿时来了几百辆劳斯莱斯（或替代为直升机、军舰……），当场吓傻丈母娘，让一桌的世界首富吓得瘫软在地。这是农民工式的想象力。

仔细琢磨，这种写法，纯粹是帮人出气用的，服务的是情感而非理智。上述情节中的金钱拜物教都可能是假的，出气才是真的。可能假定的读者对象，是成千上万饱受老板恶气，无处发泄的打工仔。前边情节对应的受侮辱、受损害，心中恨到牙痒；后边情节对应的是假想中出了一口恶气。情节是否真实不重要。服务要达到把戾气发泄的力度，恰恰要情节极度夸张与不真实。

这佐证了《叙事经济学》构想 5 "真相不足以阻止虚假叙事"。这时告诉作者，真实的社交礼仪是怎样，首富不会像幼儿园小朋友那样吓瘫等，是没有用的。制造业的产品必须是真的，但服务业的故事可以是假的，因为故事服务的只是一种生活世界的情感满足。这与《拉奥孔》中总结的艺术规律自然大相径庭。

不要问这种戾气该不该成为服务满足的对象。服务不能挑选自己的衣食父母，市场经济与文学殿堂不同，日常生活中小人物卑微的精神需求，艺术不去满足，但市场会去满足。《女神的超级赘婿》这样一部毫无艺术性可言的"作品"在一周之内竟有 177 万人在读，225 万人加入书架，被市场评为 9.6 分，说明了一定问题。文学家不看需求在哪里，被饿死也很正常。

原型在品牌中，还只是一个静态的形象，如耐克，但在讲故事中，发展为可以让用户钻进去进行角色扮演的体验。由此可见，讲故事可以让意义活起来，并让人产生代入感。

讲故事，本质上在告诉你，"体验"是如何"营造"出来的，"舞台"在哪里，"道具"是什么，"演员"是谁，"剧本"如何编排。将其中的道理提炼出来，就是体验经济的真谛：企业以服务为舞台、以商品为道具，以消费者为主角，创造出值得回味的体验。

第五节　为什么真实变得不再重要

小的时候看电影、看小说，流行现实主义，观众聚到一起，聊的都是真实性问题，往往以挑作品哪一点不真实为乐，或争论什么才是真实的。比如，有些小孩看完《英雄儿女》后，会争论王成最后拉响爆破筒与敌人同归于尽，到底能炸死多少美国佬，中学生会说，能炸死一个班；小学生会说，能炸死一个连；幼儿园的会说，能炸死一个师。下次大家再看电影，不会再关注情节，而是都去看王成一命到底换了多少条命。

网络时代的叙事经济学，往往颠覆了这种现实主义传统，英雄人物一剑下去，往往能斩二十个人头，还有的英雄人物，一个人打十万人，最后杀光十万人……即使知道文学可以夸张，但不能夸张到离谱，不能离谱到违背常识。不过现在的"00后"往往并不在意这些，只要过瘾就行，真实好像变得不再重要了。

这是为什么？《叙事经济学》分析，这是因为讲故事的服务诉求一旦变为以情感为主，而不是理智为主，就会出现"真相不足以阻止虚假叙事"的规律。本书作者给出的解释是"真相很重要，但前提是它得显而易见才行"。下面我们来详细解释一下。

我们知道，艺术分类有抽象艺术与具体艺术之分，区分标准就是看其内容，是否有具体形象，是否在"讲故事"。抽象艺术如音乐、建筑，其内容没有情节、故事等具体内容；而具体艺术如文学、绘画，往往可以直接看到具体形象或具体的故事。有一种文艺理论认为，抽象艺术不是没有内容，而是它的内容就是情感本身。情感本身是"抽象"的。

抽象艺术并不直接表现引起"快乐—痛苦"的具体原因。以音乐为例，一段曲子调性欢快，听众可以明显感知出来，但背后的故事却可以随意联想，是因为金榜题名还是洞房花烛，但这在音乐本身中并不体现。

具体艺术（包括文学）不同，它可以表现出引起欢快情绪的具体原因（如一段故事），情感往往是从中间接流露出来的。

如果不要求专业上的严谨性，也可以用直接表达情感与间接表达情感来区分抽象艺术与具体艺术。

网络讲故事的新技艺在于，它往往将抽象艺术的手法运用到具体艺术（文学）中。比如，讲一段明显虚假的故事，不求故事的真实，只求故事引出的情感的真实。让人像听音乐一样看小说。只要引起情感波动就行，至于引发情感的原因是否现实合理、符合逻辑并不重要，达到效果后就可丢到脑后，不再去想。此时，故事的夸张相当于音乐中的音量强度，只对应情感的强度。这是情感服务的特殊规律。希勒所说的"显而易见"相当于音乐只凭强弱而不走脑子就可以让人爱憎分明。这种手段不适合讲侦探故事，因为它对现实性、合理性和逻辑性的要求比较高、比较烧脑。

武侠类的网络小说，往往有一系列套路性的原型，如杂役、外院、内院之分，测功石、入院测试、练功塔、比武大赛、生死台、炼丹炉、炼丹大赛等，这些设置，都是用来表现胜负的道具，用夸张到极致的胜负欲来激发读者强化到极致的"快乐—痛苦"感受。几乎所有"作品"都会先把主角贬到一文不值的地步，然后再夸张到无所不能的极限上。

在古典现实主义文学中，《水浒传》中的景阳冈武松打虎，就是写作中欲扬先抑手法的典范。为了突出武松的英雄气概，并不是一上来就讲他如何如何英勇无畏，而是写他喝醉了酒，在不知情的情况下遇上老虎，躲无可躲，这才激发出了一身胆气。

如果说，现实主义小说的写法虽有夸张但却不失真实的话，网络小说往往就顾不上真实性和逻辑性了。最常见的是比武前，把主角评价为"废物"（居然有几十部小说都原封不动地使用

"废物"这一个称呼），以表示其极端无能；但通过一番惊天动地的打斗，发现主角是大英雄。这并不离奇。离奇的是，此后逐步升级的几十场、上百场比试，对手越来越强，一直到主角雄霸天下，横扫六合。在每场比斗前，看客与对手都程式化地把大英雄评价为废物，认为他绝无一丝一毫取胜的可能。

在日常生活中，你如果看到一个被称为不会下棋的人，从一段一直赢到九段，下次你还会认为他不会下棋吗？至少你会说，看不准这个人的潜力，鉴于他创造了这么多看似不可能的奇迹，保不准他会不会再创造一次。这才是正常人的想法。

如果一部小说是这样，还可说是作者无能，明显不真实。但我看了几十部同类小说，每一部都是这样，这就奇怪了。最初是感觉在侮辱读者智商，后来释然了，觉得这就是一种故意的、不讲道理的程式化写法。

什么人会接受这种写法呢？显然，只有那些刻意想从夸张中接受刺激的人，才不会问这种夸张是否真实。比如，一个打工仔被工头骂得气愤难平，他愿意找一部网络小说进行代入，想象自己是一个大众眼中的废物，他恨不得像小说中的主角那样，给那工头一记响彻云霄的大耳光。这时，越被称为废物，反转后的畅快感就越强烈。他也不会去在意这一记耳光从声学角度来讲，会不会有响彻云霄的"音效"。他要的只是"爽"。这与特朗普撒谎不怕被揭穿是一个道理。特朗普撒谎是为了调动听众情感。听众一旦认同这种情感并产生共鸣，就不会在意引起情感的事由是真是假。

作为音乐专业人士，常有"听歌不听词"的说法。因为旋律本身表达的情感，可以同每一个听众的具体故事结合，一旦有了词就会限制人们的想象，一旦歌词与自身的情境不符，就会打乱情感宣泄。反之，没有词，就可以自由联想，包括虚构出各种非现实的故事。比如，听贝多芬第三交响曲的时候，你可以想象自己就是拿破仑，正在跃马扬刀，征服天下。至于这真不真实，一点也不重要。这就是抽象艺术不同于具体文学的一个规律。

搞IT的人，经常是理工科出身。面对一个需要情感服务的经济，往往不得要领，不会讲故事打动人。本节告诉他们一个讲故事打动人的技巧：讲非现实的故事。有一点需要他们比文学家更明白。正统的文学家，往往不屑于去满足上述那种打工仔的日常情感，认为那只是生活本身，是不美好的。但讲故事作为服务活动，不是文学，而是经济，因此它可以，也应该面对芸芸众生，满足那些人的需求，而不是高高在上。

网络文学当前发展到一个新旧交替的交叉地带上。主流文学引导它走近现实，而市场却诱导它远离现实。以致同一个作者，可能为了评奖选择现实题材，向精英堆里靠；而为了赚钱则选择玄幻题材，向草根堆里靠。

此前从叙事经济学角度分析的，主要是草根化的讲故事的路子，它们与修脚、理发一样，主要属于服务产业，比的是赚钱的手艺活；如果不是把网络文学当作产业，而是当作精神文明建设的作品看待，就需要有不同标准来认识，其中有些东西要不要学，是要思考的。

一、玄幻文学中的返祖现象：意义生产中的意义缺失

文学同农业、金融比较，可以视为意义生产。文学直接生产的不是馒头、货币，而是意义。这种意义生产的特点在于，以语言为符号代码，以内容为具体产品，产出的是意义（包括对意义的阐释）。文学作为整体，表达的就是"人是目的"这一命题中的目的。馒头、货币只是手段，而用馒头、货币实现的东西（如幸福、快乐）才是目的。

但是，在不同历史阶段，人对于"人的目的"或者"活着的意义"的认知，受生产方式的限制。有什么样的生产方式，就有什么样的思维方式。表现于文学时其表征"人的力量"的时代精神与内涵，就会有巨大差异。

在自然经济中，人的力量在神话中，往往被当作神的力量。而神往往是代表自然力量出现的。例如，词根 Pan 代表山林，人们把半人半羊的山林和畜牧之神，称为"潘"，他是希腊神话中的神。在荷马史诗中，人们经常可以看到，当英雄打不过敌人时，背后总有一个或几个神当靠山，不是太阳神，就是智慧女神，甚或由宙斯直接出面摆平。玄幻小说作为网络小说的第一大门类，很有代表性，它多数也是这样的套路。英雄打不过

敌人时，总有超自然的力量出现，最后决定胜负。

在自然经济之后的工业经济中，这种文学早已衰落，神的力量已经被人的力量所替代、升级。而网络玄幻小说，在工业经济完成阶段，反而回到农业时期的神话，虽有其存在理由，但不能不说是一种返祖。

黑格尔《美学》对希腊罗马神话评价不高，理由是"缺乏内在的主体性""只是处在客体状态""没有自觉的精神"。因为神话中，凡事都要靠外力解决，说明对人的力量的理解还处在低级阶段，只达到自在水平。工业时代的文学，对人的力量的认知，达到自为水平，不靠自然而靠其理性。理性是人的力量可以高于神（自然）的力量的根本。看巴尔扎克、司汤达小说，工业阶级实现自我完全不靠装神弄鬼，而是凭借以因果为基础的冷血理性，达到赚钱目的（不管这种目的是否有意义）。按黑格尔的话说："内在的或无限的主体性指主体有自意识的或自觉的内心生活，唯其是自觉的，所以是无限的。"现代文学以强调这种内在主体性为特点。比如路遥《平凡的世界》中的孙少安，是靠自己的努力与对社会的适应，来解决人生问题的。

可玄幻小说却几乎有一个定律级的"规律"：在作用力与反作用力关系上，作者的物理学很像是体育老师教的。在小说的前一千章，主人公武功的作用力与反作用力，还基本符合物理学，比如一掌把一个对手打出十米开外；写到了两千章以上，力量越来越大，一掌能把人打出几十万丈远，双方居然还一来一往……并且不止一本小说有打人几十万丈远的描写。几十万丈什么概念？就算 20 万丈，也超过 666 公里，坐高铁得两个小时才回得来。这架还怎么打得成来回呀。还有的大佬，一刀能杀几十万人。仔细算算，甚至超过了联合收割机割稻穗的速度。

当然，文学可以想象，甚至瞎编，但问题在于，与现实题材相比，作者对于人的力量的想象力严重退化，解决问题不靠人的内在力量，而完全靠外在物理量的增幅，每过几十章，就把中学物理老师教的作用力与反作用力的单位增加一个量级。没有比这个更不走脑子的了。这反映了遁世文学中意义的缺失。

考虑到这种小说动辄有几十万人在忠实追捧，问题就更不简单了。它反映的是，由作者+读者共同构成的一个意义认同圈子，认同的是社会生活中的无力感。他们在现实中越是没法靠自己的力量解决问题，越是充满无助感、无力感，才会越喜欢作者用这种"人的力量不足，物理学加码来凑"的方法来进行心理按摩。因此才会在幻想和潜意识中，认同这种外力搞定一切的生存意义。这实际是一种躺平的人生态度。

二、"靠山王"为何受欢迎？

我们来具体看一部"作品"，曾上榜"男频免费榜"第一名，有 638 万人在读，评分高达 9.7 分的《一剑独尊》（第四届橙瓜网络文学奖年度百强作品）。

《一剑独尊》讲的是"靠山王"叶玄的故事。这部小说具有所有玄幻小说的共同点，即黑格尔说的那种神话特有的外因决定论，所有矛盾、问题，全靠外力解决。叶玄的法宝是青玄剑，它以时空为剑柄，时间为剑身，法则之力为剑尖，镇魂剑为剑魂，可以无视时间和空间。小说里有个仙宝阁阁主秦观，身份有点像比尔·盖茨。别人打架主要靠拳头和剑，她独有"高科技"，比如经常使用比俄乌战争中的武器更先进的筒式发射器，随便摸出一把弹药，一发射就会产生蘑菇云，一言不合就把别人星球炸没了，比普京还猛。有了这等堪比奥林匹斯山诸神般的神力，小说中人物行为方式与工业时代小说中的人物全然不同，从来不讲道理。只在打不过时才讲道理。

《一剑独尊》也有与众不同之处。按说叶玄武功这么高强，作者如果想让他自力更生，自然是没问题的（就像只要导演愿意，主人公挨上几十枪，打成筛子也死不了）。不过叶玄虽然有实力统治好几个星球文明，打服了好几个宇宙，作者偏偏给他编排了个"靠山王"身份。他的三大靠山——妹妹素裙女子（青儿），老爹青衫男子和大哥逍遥子——个个全宇宙无敌。生死关头，青儿只要出手，没有杀不死的强敌，而且从来只需一剑。世上强人都绕着叶玄走，不是怕他，而是怕他背后的靠山。以致叶玄经常产生人生困惑：到底是要靠自己，做一代；还是靠青儿或老爹，做二代。

这几乎是当前玄幻小说意义观的高度浓缩，反映了网络小说逃避现实的主要之点。互联网是草根的天下。而在现实中，草根是一群远离资源中心，分布在边缘节点上的人。在新旧文明交界处，他们内心深处的真实情感，还以从边缘变成中心为追求；可草根的身份，又使他们产生无助、无力的感觉。是这种认同错位，造成无所适从的躺平型的社会心理状态移情到玄幻世界，形成了过渡时期的火爆市场。

草根生存本来的意义在于，有克服理性异化，复归日常生活的价值。这是更高水平的人的力量所在。将来网络文学真正成熟后，网民会具有自己的自我意识，即意识到草根的力量在什么地方，是什么。就像文艺复兴时一下就找到了新的感觉。这时神话也好，现实题材也好，瞎编也好，都不是问题。因为它将不是简单地返祖，而是隔代遗传——认同零工经济、在家办公一代的存在意义与价值优势。

说这些，是为了提醒人们，在向年轻一代学习叙事经济学的时候，也要看清他们的弱点，从而做到，既要把故事讲好，更要把握住人生真实意义。

第六章
数据要素发展与新质生产力

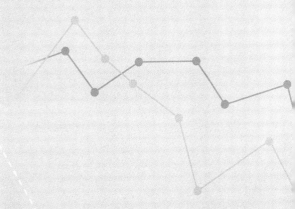

第一节 新质生产力：核心要素与逻辑结构

"新质生产力"的提出，凸显了科技创新的主导作用，数字科技在其中尤为重要，最能体现时代特征。当前新一代数字技术迅猛发展，云计算、大数据、物联网、移动互联网、通用人工智能等数字技术获得广泛应用，区块链、扩展现实、数字孪生、量子计算等新一批数字技术也积蓄成势。面向未来，激活数据要素潜能，将成为"整合科技创新资源，引领发展战略性新兴产业和未来产业，加快形成新质生产力"的重要途径。在有关新质生产力的现有研究中，有两个基本问题尚未得到解决。其一，新质生产力在生产力上"新"在哪里，在生产关系上"新"在哪里。生产力问题又可以进一步分解为两个分支问题：一是在新质生产力的科技背景下，探讨工业技术与信息技术侧重的"新质"有何不同；二是在新质生产力的产业形态中，辨析发展工业产业与发展数字产业对"新质"的理解有何侧重。其二，按工业生产方式发展新质生产力与按信息生产方式发展新质生产力，在制度创新上有何不同要求。

本章将新质生产力的逻辑结构（图5-1），归类为技术、产业和制度，着力探讨以数据为主要生产要素与以实体为主要生产要素的不同。研究发现，数据作为新质生产力的核心要素，具有通用、复用的独有特征；充分激活数据潜能，有利于在高质量发展中提高做优效率，在现代化产业体系中优化附加值结构，在生态化市场体系中优化制度环境并释放数字化红利。

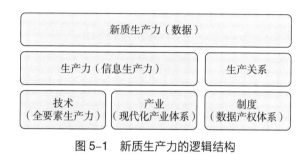

图 5-1 新质生产力的逻辑结构

一、"新质"在技术上的不同：全要素生产率中的数字科技，指向高质量发展中做优

新质生产力中的"质"，从技术角度看主要是指效率的性质。数字时代的新质生产力与工业时代的新质生产力相比，效率的性质有所不同。全要素生产率中的技术，以往一直被默认为只有一种工业技术。效率概念本身也一直被默认为专业化效率，它在现实中构成做大做强的效率基础。我认为，与专业化效率并列的，还有多样化效率，即做优的效率。因此，"整合科技创新资源"，如果放在以数据为核心生产要素的新科技上，可

以把效率的发力点在"做大做强"基础上升级为"做优",这正体现了新质生产力在数字时代与工业时代的不同特征,下文将从政治经济学、制度经济学、新古典增长理论以及新时代中国式现代化经济理论四个角度进一步论述。

(一)政治经济学视角的"新质":以数据生产力创造新质态价值

政治经济学从使用价值与价值的视角看待"新质"。新质生产力中的"质",具有价值论上的含义,价值本身就是经济意义上的"质"。数字科技创新主导的新质生产力,因创造新的价值而具有自身"质"的规定性。创新体现的是供给方面的新质,体验代表的是需求方面的新质,在迭代中达到供求一致的新质,就是抽象意义上的"质量"。从这个意义上来说,高质量发展必然是新质生产力发展的结果。与之相对,工业生产力的"质"的规定性,主要表现为同质化,其价值增加主要指同质的价值在量上的增加,熊彼特称之为物质的"循环流转"。因此,发展新质生产力,首先要解决 GDP 增长难以区分质量高低这一工业化专属问题,让新质体现出不同于旧质的价值。

1. 新质使用价值:数据生产力是新质态生产力

一方面,数据生产力是支撑高质量发展的先进生产力,数据生成体现了生产力的先进性。新质生产力创造的价值，首先是新的使用价值，即新质使用价值。新质，就是新的使用价值所具有的性质。创新，是创造新的使用价值的活动。新质生产力是人类开发利用物质、能源和信息三大资源创造价值的根本能力。在三大资源中，生产力的新质，不仅表现在新质材料、新质能源的开发上，更表现在新质数据的生成中。在数字时代，数据生产力是新质生产力的核心，主要指在质上提升生产力，它是与质量、创新、体验联系在一起的生产力。

另一方面，以激活数据潜能为核心发展新质生产力，有利于提高做优的效率。高质量发展在效率上主要体现为"做优"。做优，是指体现于事物结构上"质"的变化，是在品质上的优化，本质上是从"质"上提升生产力。信息与"质"具有天然的联系。信息能力，主要就是一种辨析"质"的能力。不同信息给人们带来的是不同的"质"的信号。推及从信息中产生的生产力，本身就可以得到这样的判断，"信息生产力是当今社会发展产生的新质态生产力"。其根本作用在于，"在质上提升生产力，以实现人类需求的多样性、无限性和解决自然资源使用过程中的有限性问题"。

2. 创造新质价值，离不开数据存在

一方面，新质生产力创造新质价值，这种价值是通过创新实现的。从价值包括交换价值的视角看，新的使用价值带来交

换价值上新的附加价值。赵培兴称,新质使用价值为创新劳动价值。创新是产生熊彼特意义上的"新价值"的活动,而由信息、知识、数据创造出的附加值,则构成数字经济的价值本体。就此而言,新质生产力与数字经济在创新附加值上是一致的。

另一方面,新质生产力的"新",离不开数据的"新"。新质生产力的发展是新的劳动者利用新的工具作用于新的对象的过程。不同于传统以简单重复劳动为主的体力工人,参与新质生产力的新劳动者是能够充分利用信息技术、适应先进数字设备、具有知识快速迭代能力和信息决策能力的新型人才。新劳动工具包括高端智能设备、计算工具,如人工智能、虚拟现实和增强现实、自动化制造技术、设备及数据基础设施,也包括数据等新型生产要素。新劳动对象是以与新质生产力相适应的、由数据构成的、可以驱动实现对应实体功能的符号形式而存在,如虚拟现实。以上三"新"都是以数据化为内涵,可见,新质生产力离不开数据的存在。

(二)制度经济学视角的"新质":通用目的技术为新质生产力提供技术支撑

制度经济学从专用、通用的视角理解新质生产力。工业生产力的技术载体,具有专用性这一根本特征;而信息生产力的技术载体,具有通用性这一根本特征,是通用目的技术。"通用目的技术"（General Purpose Technology，GPT）是制度经济学的一个概念。威廉姆森把 GPT 与 SPT（Special Purpose Technology）作为一对相反概念使用，这里的 General 与 Special，对应的正是经济学意义上的通用与专用。

新质生产力转化为市场收益，不仅可以靠"人无我有"的科技创新，也可以通过"人有我异"的差异化创新来实现。比如，小批量多品种的生产方式，就可以借助 GPT 与通用性资产实现。GPT 中的通用特性，保证了质的差异化的成本合理性。例如，只需利用不同的 0 和 1 代码的组合，就可以实现功能上的千变万化，不污染、不耗油、不耗材增值性反而提高。

（三）资源配置理论视角的"新质"：为全要素生产率提供多样性效率？

资源配置理论（主要是指从新古典主义经济学发展出的新增长理论）视角中的"新质"，主要涉及全要素生产率中技术的效率性质。数字科技中的新质生产力以多样化效率为特征，提高的主要是质的效率，多样化就是指质的多样化。因此，我们在定义数字经济时，需要把多样性效率（亦称多样化效率）作为全要素生产率中技术的新内涵，这是数字科技作为新质生产力对全要素生产率最具特色的影响。

从效率的效益上区分，就是有别于规模报酬递增的范围报酬递增。多样化概念最早由亚当·斯密提出,与专业化相并列,作为分工的两个相反方向之一。杨小凯曾说:"多样化和专业化的发展是分工发展的两个方面。"亚当·斯密认为,专业化导致市场规模的扩大,多样化导致市场范围的增加,后人分别称其为规模经济与范围经济。经济规模的扩张,表现为量的扩张;而质的扩张,表现为范围——亦可以理解为人的个性选择范围(体验)、供给选项范围(创新)的扩张。从这个角度看,新质生产力可以降低选择多样化的成本,提高选择多样化的效率。例如,电子商务明显增加了用户的选择,就是这种规律在起作用。对全要素生产率来说,数据的作用机制与技术的作用机制类似,都是通过作用于主体生产要素(资本、劳动等)——如将技术作为资本的系数,或将技术作为劳动的系数来提高效率。

我们可以把以往的技术理解为专业化效率技术(a_1);而把数据理解为一种特殊的"技术",即多样化效率技术(a_2)(图5-2)。在国家数据局即将推出的"数据要素×"三年行动计划中,数据要素的"乘数效应"就是通过提高劳动、资本等其他要素的投入产出效率而实现的。其多样化效率体现在,数据要素通过多场景应用、多主体复用,创造多样化的价值增量,在多次使用中突破传统资源要素约束条件下的产出极限(如生产可能性边界,Production-Possibility Frontier,PPF),不断提升数据质量,拓展经济增长新空间。需要指出的是,新质生产力并不是只能与信息生产方式相联系,例如新材料、新能源技术,都还属于工业技术的发展范畴。在现实世界中,工业经济与数字经济处于混合状态,因此,有两种经济规律(规模经济与范围经济)在其中共同发挥作用。其结果是,依照新旧动能投入比例的不同,以及产业化与服务化产出比例的不同,形成了工业化与信息化的两化融合比例。

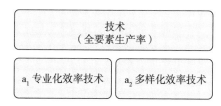

图 5-2　全要素生产率中的两类技术:数据要素提高多样化效率

(四)中国式现代化经济理论视角的"新质":以生产要素供给新方式增强发展新动能

把数据视为新型生产要素,是中国式现代化经济理论的特色之一。对数字经济来说,新质生产力表现在生产要素上,具有复用性这一新型特点。复用,是数据独有的性质。"创造生产要素供给新方式"是指,数据作为新型生产要素,能够多场景应用、多主体复用,从而提高劳动、资本等其他生产要素的投入产出效率。通过"数据要素×",可以发挥数据要素对最终应用的倍乘与放大作用,优化资源配置与社会分配,进而实现经济增长与人的全面发展。

数据要素所创造的价值只有在使用中才能得到充分展现。激活数据要素潜能，需要将价值创造与价值实现联系在一起，"乘"就是把二者联系在一起的方式。数据要素是中间产品，应用是最终产品，一个中间产品的作用在无数最终产品的价值中体现出来，这种一对多的关系，就是乘法的作用。通过"乘"，一是促进了数据使用价值复用与充分利用；二是促进了数据合规、高效流通使用，赋能实体经济；三是推动了数据要素收益向数据价值和使用价值的创造者合理倾斜。

与此同时，"数据要素×"可以衍生出多种多样的实践形式，我们应鼓励探索释放新质生产力潜力的相关创新实践。一方面，数据要素可以乘以行业应用，形成"数据×行业"，通过数据×农业、数据×制造业、数据×服务业等，赋能实体经济。例如，茂名邮政建立"数字链农产业联合体"，利用销售数据分析寻找目标市场，开展全国"万人拼团"等活动；在此基础上，建立农业农村数据库，以整村授信的方式，推出信用户专属信用贷款，为农业赋能。另一方面，数据要素可以乘以企业应用，形成"平台×应用"，即平台企业基础业务与平台内企业增值应用相乘，采用数据要素提供不收费，但按照使用效果收费的有偿共享模式，将数据要素以流量共享、流量转化等形式直接赋能应用企业，再从有收益的应用中获取会员费、使用费。也即将数据资产定价，从产前转向产后，进而通过应用为数据要素间接定价，在促进数据使用价值复用与充分利用的过程中，消除数据交易所定价中"贝塔值"的不确定性。

二、"新质"在产业上的不同：建设现代化产业体系，优化产业结构

以数据要素为主的新质生产力是数字时代的先进生产力。这种生产力的动能将通过新产业的涌现而得到释放，这可以从现代化产业体系中战略性新兴产业与未来产业比重的增加中观察到。新质生产力对产业的形塑，主要表现在功能替代、组织替代与生产方式替代上。

首先，以物质、能源为主要功能载体的传统产业转变为以数据为主要功能载体的由全新的产品、生产资料、零部件和原材料构成的高附加值产业。新质生产力利用知识、技术、管理、数据等新型生产要素替代传统的有形生产要素，减少了对生态环境的破坏。通过数据的功能替代，降低自然资源和能源投入，使经济增长摆脱了有形生产要素驱动的制约，例如新能源汽车以电池、数控系统替代了燃油汽车中发动机、变速箱的同等功能，新电子设备将工业设备升级为信息设备。

其次，数字科技导致产业组织方式发生根本变革。从明显受时空条件制约的传统产业转为以虚拟要素的快速多变排列组合形成的现代产业，加速了生产要素的有效流动，并形成以流量变现为特点的流量空间，以平台加应用为经营形式的新业态，

促进了产业的生态化转型。

最后,促进了产业生产方式的转变。颠覆性技术中有很多是通用目的技术,具有强大的赋能作用。人工智能技术使生产的效率、精度、良品率都得到显著提高。新质生产力激发了过去未能满足的潜在需求,开辟了新的市场,带来了新的产业增长空间。

中国即将迎来"十五五"规划,明确新质生产力所引导的产业规划方向具有重要现实意义。当前,中国从产业的结构优化程度看,与高质量发展的要求还有一定差距。例如,中国服务业的 GDP 占比在 55% 左右,与世界平均水平 65% 相差 10 个百分点;生产性服务业在服务业中的占比,与发达国家之间也有 10 个百分点以上的差距。面对这种差距,我国亟待建立现代化产业体系。因此,研究新质生产力,需要聚焦优化产业结构。而与传统产业的增长主要依靠有形要素不同,以数据要素为核心的新质生产力,主要通过无形要素驱动来拓展新的产业领域。

(一)在战略性新兴产业中发展新质生产力

战略性新兴产业,包括新一代信息技术、生物技术、新能源、新材料、高端装备、新能源汽车、绿色环保以及航空航天、海洋装备等。2022 年,我国战略性新兴产业增加值占国内生产总值比重超过 13%,其中规模以上工业战略性新兴产业增加值增速快于规模以上工业增加值增速。战略性新兴产业处在科技和经济发展前沿，对经济社会的长远发展具有重大引领作用，在很大程度上决定着一个国家或地区的综合实力特别是核心竞争力。发展战略性新兴产业，需要对战略方向有明确判断，以顺应国际竞争形势，争取战略主动。国际上的战略性新兴产业，如新能源、新材料、先进制造、电子信息等，无一不是以新质生产力为支撑的。因此，在发展新质生产力过程中，一定要高度重视信息生产力对数字产业化与产业数字化的战略性支撑作用。

"十五五"期间，我国尤其要把数据基础设施建设摆在各项基础设施建设的首位。数字基础设施（digital infrastructure）是指为支撑信息通信技术（ICT）应用而建设和部署的物理或虚拟的云化资产、网络连接和数据处理能力，以及为上层应用提供数据输入、处理和输出的能力，包括云计算设施、通信网络设施（包括卫星网络设施）、数据中心设施、大数据设施、通用人工智能设施、信息安全设施等。未来数字基础设施建设应更加注重人工智能和物联网的融合，提升算法与算力水平。对于互联网服务等战略性新兴产业，也应保护其生产力发展，进一步发挥这类战略性新兴产业对现代化产业体系建设的引领带动作用，使之进入世界领先位置并助推中国成为其所在领域最大的经济体，进而服务于未来国际竞争的大局。

（二）在支持未来产业中发展新质生产力

未来产业是指由处于探索期的前沿技术所推动，以满足经济社会不断升级的需求为目标，代表科技和产业长期发展方向，会在未来发展成熟和实现产业转化，对国民经济具有重要支撑和带动作用，但当前尚处于孕育孵化阶段的新兴产业，具体包括类脑智能、量子信息、基因技术、未来网络、深海空天开发、氢能与储能等。

1. 转变不适应新质生产力发展的传统观念

其一，判断什么是未来产业，不能单纯以生产者为中心，而要从市场规律和需求出发，把握总体趋势。比如，不少老工业区的发展远慢于沿海地区甚至慢中西部地区半拍。老工业区发展困难，主要原因在于缺乏未来产业的注入。从结构上看，老工业区的产业结构通常落后于社会需求结构，生产出来的产品与需求存在较大错位，容易形成恶性循环。现代化产业体系是经济发展到较高阶段的产业体系，单纯的温饱需求已经不足以支撑产业体系的现代化升级。随着我国人均收入的提高，一定会引发从弹性较低的衣食住行等刚性需求向弹性较高的差异化个性需求转型，从而促进产业结构优化升级。从这种意义上来说，发展新质生产力应当以新质需求为前提和导向来发掘未来市场。

其二,判断未来产业,还需要解决一些涉及深层实践的理论问题。比如,发展服务业实现传统产业的服务化、数字化升级,到底是生产性的,还是非生产性的?这样的问题涉及对生产力性质变化的新理解。那种认为只有大量消耗物质、能源的产业才是实体经济的观念,已不适应新质生产力的发展需要。新质生产力不仅包含科技创新,也包含市场创新,是生产要素和生产条件的全新组合。数据要素充分发挥作用,不仅可以作用于生产性服务业,也可以促进文化与内容产业的繁荣,这些都属于朝阳产业的范围。

其三,对未来产业的判断,也涉及对生产力深层本质的重新认识。传统需求以物质需求为主,传统产业发展主要为了满足生存发展需求。而新质需求增加了对满足美好生活向往的新需求,包括文化需求、精神需求、个性化自我实现需求等。新质生产力推动发展的未来产业,往往是物质含量低而意义含量高的产业。发展新质生产力,尤其要避免出现生产者中心倾向,避免产学研用脱节,要以需求的质作为供给的质的导向。新质最重要的质,是价值上的质。新质意味着价值重心发生变化,从以物体价值(功能价值)、交换价值(钱的价值)为质的重心,渐渐转向以意义价值(人的价值)为质的重心,"以人为本"地发展新质生产力。未来不管是哪种发展态势,在形式上一定都向着更加无形化的方向发展。科技是无形的,数据是无形的,对未来产业发展来说,凡是以符号就能实现原来实体可以实现的功能、目的的，就不必进行物质、能源上的无谓消耗。社会发展的整体趋势应该是，在物质、能源消耗上做减法、除法；在信息增值上做加法、乘法。但这些还都只是形式上的。价值上的根本变化在于，以无形为符号呈现其意义的存在。比科技价值更重要的是，现代产业体系应以意义（美好生活）为主要线索开展生产，而不能再以传统价值为主要线索决定未来生产什么。当然，强调未来价值也要正确处理其与传统价值的关系，把传统价值作为基础价值，与未来的主导价值结合起来。

2. 东中西地区都需要抓住数据要素倍乘机遇，以新质生产力发展未来产业

（1）西部地区与老工业区的未来产业

新质生产力这个概念，是习近平总书记在新时代推动东北全面振兴座谈会上提出的。对老工业区来说，科技创新同样面临路径选择，因为工业技术与数字技术的科技创新，同属科技创新。那么，老工业区发展新质生产力，是否可以选择以数字技术的科技创新为突破方向呢？老工业区的现有产业结构，在现代化程度上本来就落后于东部地区，"十五五"期间，是先追上东部地区现有产业结构，还是争取实现跨越式发展未来产业？这些都是亟待探讨的问题。西部地区与老工业区在"十五五"期间，可以抓住数据要素倍乘机遇，有重点地选择未来产业，跨越式发展新质生产力。

这样的发展选择有两个实践依据：其一，历史上东北也产生过东软集团这种善于把握当时未来产业的优秀企业，沈阳在发展数控机床上一直具有相对优势。这说明老工业区发展新质生产力，不一定非跟在东部地区后面作第二梯队。当前，跟上人工智能浪潮，有重点地布局智能制造服务业，也许是新的机会。其二，贵阳近年来从传统农区跨越式进入数字化发展新阶段就提供了一个很好的启示，现代化产业体系不一定非得按照第一、二、三产业的先后顺序确定发展突破方向。

（2）沿海地区的未来产业

对沿海地区来说，可能需要超前布局以新质生产力培育具有潜在需求的未来产业。当前，沿海地区正在加快寻求数字技术赋能，发挥数据要素倍乘效应，智能制造新场景、新方案、新模式不断涌现。沿海地区特别是长三角、珠三角地区，拥有世界一流的制造业产业集群，"十五五"期间，这些产业集群的升级，不能仅仅局限于产业链的整合，更应着眼于以高附加值为目标进行价值链、价值网络的延伸与升级。比如，沿海地区在推进"数据要素×"三年行动计划中，可以沿着"微笑曲线"提升新价值空间，大力发展与制造业结合紧密的生产性服务业，在追赶发达国家现代化产业体系过程中，挖掘新增长空间。面向未来潜在需求，在人工智能、量子信息、基因技术、未来网络、深海空天开发、氢能与储能等前沿科技和产业变革领域，新质生产力将有更大的发展空间。

（3）中部地区的未来产业

中部地区当前也在积极推动传统产业向高端化、智能化、绿色化转型发展。"十五五"期间，中部地区可以选择不同于东部地区的定位，以未来产业为突破方向发展新质生产力。以智能制造为例，同是利用"数据要素×"，中部地区可以选择倍乘生产力。其中，有武藏曲线与微笑曲线两种选择。武藏曲线的重心在于推进制造业服务化，增加的产值落在第二产业内部，是第二产业的内部升级；而微笑曲线的重心在于发展生产性服务业，增加的产值落在第三产业，是从第二产业内部发展出的独立的服务业。鉴于武藏曲线对应的发展阶段（日本是在 20 世纪 70 年代到 80 年代）比微笑曲线对应的发展阶段（我国台湾地区是在 20 世纪 90 年代后期）更接近中部地区发展实际，因此，中部地区定位于制造业服务化发展增值价值链，似乎更能体现其循序渐进的发展特点。

当然，我们也不排除工业基础较好，科技、教育条件较完备的中部地区乃至西部地区可以超前布局。如果中部地区以超越东部地区为目标来布局未来产业，就需要考虑东部地区可能存在的战略盲区。就以充分利用数据要素这种新型生产要素作为规划重心这一点来说，现在东部地区的一些规划思路谈不上领先，不少地方还有"落后"之处。比如，一些工业集群重镇还停留在"数据变钱"这种传统的工业时代思路上。如果中部地区能够把握住国家推出的新政策重心在"复用"，进而理解数据交易与数据交互区分中隐含的战略深意以及"数据二十条"的初衷，就存在以乘法（数据要素×）超越东部地区做加法（互联网＋）的可能性。中部地区要实现超越，就要拿出历史上山西创新票号制度的魄力。举例来说，国家目前出台规范实施政府和社会资本合作（PPP）新机制的指导意见，中部地区如果意识到在数据要素复用条件下，解决地方债的重心在于利用数据基础设施，复用数字化生产资料以解决资金难题，从而培育中小企业作为新的"税基"与"费基"，就可能超越一些东部地区简单地在固定资产投资和金融本身（如把土地财政变数据财政）上做文章的旧思路。

三、"新质"在生产关系上的不同：提供良好发展环境，激活制度红利

新质生产力还需要有关于生产关系与经济制度方面的利益考量。科技是中性的，但生产力却不是，因为它会决定生产关系的变化方向，影响社会利益关系的变化走向。发展新质生产力，还需要有合适的环境与制度与之配套，才可能相得益彰。

图 5-3 新质生产力的潜在制度影响

（一）新质生产力包含的潜在制度经济学逻辑

当我们把作为通用目的技术的数据要素置于新质生产力的核心时，可以从制度经济学的角度将旧质与新质在技术基础上的区别，理解为专用目的技术与通用目的技术的区别。生产力决定生产关系的逻辑，在制度经济学中突出表现为技术与资本的逻辑关系。威廉姆森在《资本主义经济制度》中认为，工业化逻辑在于技术专用性决定资产专用性，或者说，专用目的技术决定专用目的的资产。而对数字化来说，这一逻辑则转变为：技术通用性决定资产通用性，或者说，通用目的技术决定通用目的的资产（国家发改委称"通用性资产"）。威廉姆森对通用目的的技术的解释，是指能够被多样化地应用或通用于多样化用途上的技术，这与我们对数字化技术的理解是相通的，二者都是对于多样化效率的实现具有通用性的基础技术。他在《资本主义经济制度》中讨论资产性质时强调，与"专用"相对的"通用"，指资产可以从一种用途转用于另一用途，从一个主体转用于另一主体，但不能同时使用，因此通用目的资产具有使用上的排他性与竞争性。

我国发改委提出的通用性资产的"通用"，则多了一层"复用"的含义，数据要素是典型的通用性资产。在国家数据局推出的"数据要素×"计划中，复用即指在任一时间（如同一时间）用于不同地点（场景）和不同主体。与旧质生产力不同，新质生产力可以在数据要素上做乘法。新质生产力以信息生产力为核心与先导，以数据为新型生产要素，将对宏观经济理论和政策产生重要影响。例如，生产力上的复用将催生生产关系上共享发展的制度取向，从中释放的多样化红利将有利于缩小数字鸿沟，缓解社会利益矛盾。为此，需要大力推进所有权与使用权分离（包括三权分置）的改革，进一步解放新质生产力，尤其要在制度环境建设上，打破那些阻碍资源要素实现通用、复用的制度障碍。在"十五五"期间，有必要推动形成实体两权合一与数据两权分离的产权"双轨制"，形成中国式现代化的未来产权路径。

（二）建设生态化市场体系，发挥数据主导作用

数据不是孤立存在的，新质生产力也有其特定的存在环境，它们对环境本身包括市场环境也将产生深刻的影响。数据这种

新质对于环境来说，意味着外部性。数据的外部性通过流量外部性、网络效应等形式表现出强烈的互补特征，与实体的互替特征形成对比。"市场环境"这一概念也将随之发生变化，进而使"在市场体系中优化发展环境"这一发展新质生产力的任务衍生为"在生态化市场体系中优化发展环境"。当下对数据要素市场化来说，一方面，要发挥市场在资源配置方面的决定性作用；另一方面，要发挥生态在资源配置方面的主导性作用。数据要素市场不仅要承担数据交易功能，也要承担数据交互功能。正如江小涓教授所指出的，"'场内（数据）交易'和'场外（数据）交互'并重，除关注数交所之外，社会层面、企业层面对数据交互这种数据要素发挥作用的形态也要加强关注"。

这意味着，有的数据适合在市场中直接交易，有的数据更适合在生态机制（共同体）中交互与共享，这是新质生产力发展所呈现的一个特殊规律。同时，要充分考虑数据交互共享对社会分配产生的影响。传统意义上市场体系中的"市场"，是指科斯型市场（又称单边市场）。科斯型市场的主要特征是以产权明晰的商品为交易对象，将外部性排除在市场之外，交由其他机制（如公共产品机制）处理。但数据要素市场（双边市场）是一个反科斯型市场。梯若尔明确指出，"科斯定理无效是'双边性'的必要非充分条件"。埃文斯也指出，"市场是双边的必要条件是科斯定理并不适用于双方之间的交易"。双边市场与单边市场的主要区别在于，前者将外部性作为市场交换的主要内容，以会员费和使用费作为外部性的市场回报。

鉴于此，我们可以用"生态"这一概念来专指对外部性进行交易的市场，将数据要素的市场环境拓展到生态化市场环境，并将生态化市场环境区分为市场（单边）与生态（双边）两部分。适合在市场中交易的数据，是有形化的、排除外部性之后的数据（即有形的无形资产）；适合在生态（如平台—应用）中交易的数据，是彻底无形化的、带有外部性的数据（即无形的无形资产）。由于有形化的数据只占数据的一小部分，因此市场的决定性作用可以理解为基础性作用；而主导性作用，则应主要由生态来承担，分别以等价交换（按所有权收费）与有偿共享（按使用权收费）两种市场化、商业化方式运作。为新质生产力发展提供良好的制度环境，最主要的制度改进是推进两权分离、三权分置改革，即把不可从所有权上辨析出来的财产权利（数据外部性）与可以从所有权上辨析出来的财产权利（可有形划入资产负债表的资产）分别纳入两类不同市场机制。其中，重点要解放新质生产力中可以外部性复用的部分，以避免它因为不具备后者的所有权条件（通过买卖转移所有权）而无法流通使用，从而造成资源浪费。

（三）以新质生产力提高活劳动要素收入能力

新质生产力的发展还需要不断调整生产关系，以激发社会生产力发展活力，促进社会公平。新质生产力带来的变革，提出了发展与改革的命题，因此围绕创新驱动的体制变革至关重要。数据作为新型生产要素的一大不同在于，它可以使其他主体要素——资本、劳动的作用倍乘。乘在资本上，可以让资本价值倍增；乘在劳动上，可以让劳动价值倍增。历史上增进资本作用的制度设计比较常见，工业化进程中每一次生产力的发展总是先让资本获益，而新质生产力通过倍乘活劳动来提高自身效率。数据要素倍乘劳动要素，可以将普通的劳动转化为人力资本，从而在获得劳动报酬的同时，获得要素收入作为剩余回报。当然，这并不是必然的，还取决于关于制度的社会选择是令智能技术偏于资本，还是偏于劳动。中国在这方面可以做出有别于西方国家的中国式现代化的制度选择。制度设计的激励重心应从资本转向劳动，从而产生有利于缩小贫富差距的"多样性红利"，将更多剩余分配给劳动而非资本。斯科特·佩奇将技术效率按偏向主体的不同分为两大类：能力与多样性。能力对应的是专业化，与同质化、专业化相联系的主体是有"能力"的人，即精英。而多样性对应多样化，与多样化相联系的主体是草根、群众、劳动者。他提出"多样性优于同质性定理"："如果两个问题解决者集合都只包含了个体能力相等的问题解决者，并且第一个集合中的问题解决者是同质性的，第二个集合中的问题解决者是多样性的，那么平均而言，它们的局部最优解将会有所不同，而且由多样性问题解决者组成的集合将优于由同质性问题解决者组成的集合。"

这个结论同样适用于信息技术,因为多样性优于同质性(包括自动化、专业化)的前提条件是工业化已完成的经济体的主要问题,从解决大规模制造(简单性任务)转向解决多样化服务(复杂性任务)。与多样性最匹配的是"复杂性任务",对劳动密集的服务业来说,多样性中孕育着劳动者红利。当擅长提高多样化效率的信息技术与劳动结合的时候,降低多样化成本将会带来劳动特有的多样化产出的增加,由此产生"多样性红利"。按佩奇的说法,大众具有"多样性"(如解决方案多样性)这一优于精英的优势。支持有效需求的高收入,取决于多样性红利机会的广泛出现,兼职类工作就是典型的多样性红利机会。在智能经济条件下,这种机会一定会发展为以多样性、高收入为标志的增值应用业态并广泛出现。比如,在苹果商店中,APP 开发者分成比例高达 85%,远远超过资方的 15%,这已成为美国当前行情。中国一旦出现这种趋势,意味着逆转两极分化的多样性红利,就会从经济中自然而然地出现。多样性红利的原理在于,通过改变(不可数字孪生、复用的)劳动与(可以数字孪生、复用的)资本相对于使用的稀缺关系,改变剩余的流向,从而不依赖福利政策实现共同富裕。这是新质生产力的运行规律,政府顺势而为,就可以用"少得多"的财政资源,实现同样水平的共享发展、共同富裕的目标。

当下加快形成新质生产力政策的着力点有五个:一要把提

高劳动者素质和劳动要素收入摆在首位，按照人力资本要求，释放多样性红利，培育适应新质生产力发展的新型劳动者。二要全面激活科技创新与市场创新，让新质生产力在产业发展中全面发挥作用，就要把高度依赖研究投入的创新与营商环境的创新结合起来，创造适应新质生产力发展的社会生态环境，把政府与市场的作用有效结合起来。三要大力推进数据基础设施建设，包括构建适应新质生产力发展的大型科学装置和公共科研平台，推进连接＋算力基础设施高质量发展，推动传统基础设施的数字化转型，加强适应人的全面发展的公共服务设施、生态基础设施、商业基础设施、应用基础设施等多层次的建设。四要深化以所有权与使用权分离为核心的产权机制改革，探索建立生产资料管理新制度，培育生产要素供给新方式。五要促进适应数据要素市场化的国内外开放体系建设，促进资本、数据等关键生产要素充分流动，构建网络空间命运共同体。

第二节 "数据要素×"对我国产业跃升的影响

中国经济正在经历一次重要的转变，从传统的加减法转向乘除法。这个转变涉及"互联网＋"等正向力量的加法，以及减少污染、碳排放等负面因素的减法。同时，信息的乘法和物质、能源的除法也成为新的发展趋势。这一转变旨在建立现代化产业体系，实现高质量发展。

在构建现代化产业体系的过程中，数字化将发挥关键的乘数效应。这种乘数效应的本质是要素的替代，通过倍乘经济动能，实现与高质量、高附加值相关的"两升"。

同时，作为新型生产要素，数据能够通过"三乘"实现推动经济发展的乘数效应：第一个"乘"是通过协同劳动、资本等其他要素提高全要素生产率，提升经济运行效率；第二个"乘"是通过多场景应用、多主体复用扩展生产可能性边界，拓展经济增长新空间；第三个"乘"是通过多元数据融合催生新业态新模式，培育经济发展新动能。

要实现数据要素的乘数效应，关键在于"复用"。这一理念在我国发布的多个文件中得到了强调。国家数据局局长刘烈宏在 2023 全球数商大会开幕式上的讲话中也明确指出，一份数据可以被多个主体复用，从而在不同的场景中创造多样化的价值增量。

这种复用有助于突破传统资源要素约束条件下产出的极限，进一步拓展新的经济增量。因此，我们应该以"复用"为抓手，充分利用数据要素的乘数效应，推动我国经济的高质量发展。

未来中国宏观经济的底层逻辑将从基于物质、能源转向信息（数据），实现产业体系的现代化，资本积累方式将摆脱美国模式（资本交换价值倍增）转向中国特色（资本使用价值倍乘），实现中国式现代化。

为了推进这一变革，我们需要积极推进包括数据基础设施在内的战略性新兴产业，并推动同时具有数字化、绿色化特征的未来产业的发展。这是未来经济高质量发展的新风口，也是政信未来发展的新机遇。

2023中国政信产业高峰论坛由中央财经大学政信研究院联合中国政法大学互联网金融法律研究院、中国财政发展协同创新中心、政信产业联盟共同主办。来自国家发改委、高校智库、行业专家、地方城投平台、知名律所、会计师事务所及咨询机构等共计230余位代表齐聚论坛，共商中国式现代化进程中的政信改革与发展。

第三节　保证流量是个大问题

著名互联网法律专家阿拉木斯在2023年6月17日"我国发展互联网到底需要什么样的政策环境"会议上，反思近年互联网治理中存在的政府失灵问题时，提出"保证流量"这一建议性意见，体现出保护数字经济生态的底线思维，值得重视。

一、要正确理解"保证流量"

首先,"保证流量"不是保护大企业拥有流量,加剧大小企业差距。在由平台企业与应用企业共同构成的生态中,流量对大企业与小企业是同样重要的生态资源。保证流量同保护大企业还是小企业无关。其次,"保证流量"也不是指扩大哪一方的流量,是要保护由大企业与小企业共同赖以为生的生态,是要保护生态机制本身。

流量对数字经济,尤其是平台经济来说,是一种特指。流量的表层意思是用户数量,但对平台来说,它指向的是双边市场的外部性(网络效应),是一种合作资源。

我们可以把市场分为两类:工业经济中的市场,称为单边市场;数字经济中的市场,称为双边市场。单边与双边,都有买卖双方参与,因此,买卖双方参与并不是区别所在。实质区别在于,单边市场是排斥外部性的市场,双边市场是包容外部性的市场。因此,工业经济与数字经济的市场区别,可以一言以蔽之,概括为外部性在市场之外与市场之内的区别。诺贝尔经济学奖获得者梯若尔指出,"在科斯研究的世界里,市场是单边性的";而将双边市场定义为"存在组间外部性"(即"U_i 随着 N_j 增加而增加")。

单边市场排斥外部性,就是不允许别人占自己便宜(搭便车),所以是零和博弈市场;双边市场包容外部性,允许买方与卖方相互占对方便宜（相互提供外部性），并且将所占便宜换位成"互为报酬"（相互内部化），所以是合作共赢市场。保证流量，意图在于保证合作共赢的机制这一底线。意思是不要因为过度治理或无序治理，把先进的双边市场逆转回落后的单边市场，那样，数字经济就会出现大损失、大倒退。

二、要认识保护流量对于保护竞争与合作的重要意义

生态与非生态的主要区别，在于是否将合作内生于竞争。非生态，就是有利益但不合作，典型如美国人的做派；生态则是竞争加合作，合称"竞合"。因此，保证流量的作用在于将市场经济从竞争阶段，推进到竞合阶段。这不仅关系到从工业经济向数字经济的历史进步，还关系到市场经济发展的美式道路与中式道路的选择。

保护流量，不在于其数量的大小，而在于维护流量背后的合作机制，特别是基于所有权、使用权两权分离中的共享合作机制，要维护买卖双方与"平台＋应用"双边的正当权益，当前要纠正在多重归属中"吃大户"。

流量机制的竞合原理在于，通过拉升一个将外部性加以内部化的市场需求曲线 D，保证流量（用 Q_{EFF} 表示）及收入达到生态均衡（用 e^* 表示）水平，以有偿共享、有偿搭便车方式，拓展大小企业以共享发展为基础的合作空间。这个空间对大企

业来说，是一个将平台外部性加以不完全内部化的空间；对小企业来说，一是小企业轻资产运作空间，二是包容双创失败的空间。二者合起来，构成对"资金难"（中小企业第一难）的总体替代（资产"元宇宙"）。从这个意义上来说，保证流量对中小企业渡难关、求发展，更为关键。至于有偿共享引发大企业租金盈余，出现市场失灵，也需要正视，但应纳入法治（如税收调节）进行规范。

保证与保护流量的本质在于培育壮大流量背后隐含的外部性合作机制，发挥网络效应作用，维护数字经济生态利用网络特性将外部性加以内部化（又称"共享发展"）这个根本。治理再无序，也不能伤及这个根本。

第四节 "数据要素×"三年行动要紧抓"复用"，体现生产力的新质

近日，国家数据局等17个部门联合印发《"数据要素×"三年行动计划（2024—2026年）》。国家发改委党组成员，国家数据局党组书记、局长刘烈宏表示，与2015年"互联网+"行动相比，"数据要素×"实现了从连接到协同、使用到复用、叠加到融合的转变。

"'数据要素×'要抓住'复用'这个关键"。复用是"×"的主要支撑手段,通过"×"要达到三个目的:一是要促进数据使用价值复用与充分利用;二是要促进数据合规高效流通使用、赋能实体经济;三是要推动数据要素收益向数据价值和使用价值的创造者合理倾斜。

一、相比于"互联网+","数据要素×"对行业的赋能不再是简单的叠加。该如何理解这个"×"?复用为什么是"数据要素×"的关键?

"数据要素×"体现了"数据二十条"激活数据要素潜能的思想,是实现数据要素市场化的必由之路。

数据要素所创造的价值只有在使用中才能得到充分实现。为此,激活数据要素,需要将价值创造与价值实现联系在一起,"乘"就是把二者联系在一起的方式。数据要素是中间产品,应用是最终产品,一个中间产品的作用,通过复用,在无数最终产品的价值中实现,这种一对多的关系,体现了乘法的作用。而复用则体现了应用导向、需求导向的方向,有利于激活数据要素的潜能,让价值实现倍增。

当前数据发展的主要矛盾,不是没有供给(当然供给也需要提高质量),而是由于要素的价值实现不确定——实质是需求不确定,而造成交易所场内交易不活跃。各地推进数据要素市场化的积极性应该肯定，但不能违背市场规律。市场化会促进供求结合，以供带求，以求促供。

当前市场化的最好做法就是用好乘法，让要素供给乘以要素需求，用应用来倍增、放大供给的效力。

二、"数据要素×"会涉及哪些行业或领域？会产生哪些落地应用？

"数据要素×"可以衍生出多种多样的形式与途径。一是数据要素乘以行业应用，形成"数据×行业"，如数据乘农业、数据乘制造业、数据乘服务业等，赋能实体经济。二是数据要素乘以企业应用，形成"平台×应用"，即平台企业基础业务与平台内企业增值应用相乘，实行数据要素提供本身不收费，但按照使用效果收费的有偿共享模式，将数据要素以流量共享、流量转化等形式直接赋能于应用企业，再从有收益的应用中，获取会员费、使用费。将数据资产定价，从产前转向产后，通过应用为数据要素间接定价，在促进数据使用价值复用与充分利用中，消除交易所产前定价中"贝塔值"的不确定性。

目前各地在推进数据要素市场化过程中，正不断摸索新的做法。这些探索的一个共同的积极方向，是把实体经济业务最终用到的数据，与数据的提供方进行绩效方面的关联。

三、国家数据局提出,希望通过实施"数据要素×"三年行动计划发挥场景牵引作用,推进数据要素在相关行业和领域的广泛利用,培育新质生产力。如何理解"新质"?"数据要素×"如何培育新质生产力?

"数据要素×"的复用为新质生产力赋予时代内涵,体现了生产力的新质。

历史唯物主义认为,生产力决定生产关系,体现在技术与资产的关系上,就表现为通用目的技术决定通用目的资产(通用性资产)。当我们把作为通用目的技术的数据置于新质生产力的核心时,可以把旧质与新质在技术基础上能否复用这一区别,从偏制度经济学的角度,理解为专用目的技术与通用目的技术的区别。

技术与资本关系,取决于生产力决定生产关系的逻辑。威廉姆森《资本主义经济制度》体现的工业化的逻辑在于:技术专用性决定资产专用性,或者说,专用目的技术决定专用目的资产。而对数字化来说,这一逻辑势必变为:技术通用性决定资产通用性,或者说,通用目的技术决定通用目的资产。

威廉姆森对通用目的技术的解释,是指能够被多样化地应用(Variety of applications)或通用于多样化的用途上的技术。这与我们对数字化技术的理解是相通的,都是对于多样化效率目的的实现具有通用性的基础技术。

威廉姆森在《资本主义经济制度》中讨论资产性质时与专用相对的通用，指资产可以从一种用途转用于另一用途，从一个主体转用于另一主体，但不能同时使用，因此可能具有使用上的排他性与竞争性。而数据的通用，多出了一层"复用"的意思。数据要素是典型的通用性资产。在国家数据局即将推出的"数据要素×"三年行动计划中，复用即指在任一时间（如同一时间）用于不同地点（场景）、不同主体。与旧质生产力不同，可以做要素上的乘法。

复用也体现了新质生产力中的三"新"。我们知道，生产力由生产者、生产工具和生产对象构成。新质生产力发展是新的劳动者利用新的工具作用于新的对象的过程。

不同于传统以简单重复劳动为主的体力工人，新劳动者是能够充分利用信息技术、适应先进数字设备、具有知识快速迭代能力和信息决策能力、自主意识的新型人才，可以借助拷贝形成自己的知识，增进人力资本。

新劳动工具，包括高端智能设备、计算工具，如人工智能、虚拟现实和增强现实、自动化制造的技术、设备及数据基础设施，也包括数据等新型生产要素。数据要素复用是通过电脑复制技术提供的能力。

新劳动对象，是与新质生产力相适应的、能够由复制形成的数据构成的可以驱动实现对应实体功能的符号存在，如虚拟现实。

这三"新"都以数据化为时代内涵，离不开数据化的复用，这决定了新质生产力离不开数据的存在。

四、"数据要素×"复用能解决哪些问题？其最大的价值在哪里？

要将文章做在复用的使用价值上。"数据要素×"要解决的问题，概括起来，是高质量供给、高效率流通、高水平应用。通俗讲，就是供得出、流得动、用得好。具体说，在供给环节，要提高数据供给质量；在流通环节，要构建可信流通生态；在应用环节，要提升重点行业与领域数据应用水平。其中，应用是重点。"用得好"，是使用价值和使用权方面的问题。

将数据要素的使用价值以复用形式，与实业的使用价值直接结合，公式是"使用价值（数码功能）- 使用价值（实体功能）"，特点是充分发挥数据要素在使用价值上可以复用这一独特优点，面向多场景、多主体进行一对多的倍乘（×），而略过了变现这一步。

把数据视为新型生产要素，是中国式现代化经济理论的特色之一。复用为赋能实体经济提供生产要素供给新方式。对数字经济来说，新质生产力表现在生产要素上，具有复用这一新型特点。复用，是数据独有的新质。数据独具"生产要素供给新方式"。这是指，数据作为新型生产要素，能够多场景应用、多主体复用，提高劳动、资本等其他要素的投入产出效率。通过"数据要素×"，可以发挥数据要素对于最终应用的倍增与放大作用，优化资源配置与社会分配，进而事半功倍地实现经济增长与人的发展。

复用的思想，首见于《关于推进"上云用数赋智"行动培育新经济发展实施方案》"加强数字化生产资料共享，通过平台一次性固定资产投资、中小微企业多次复用的形式，降低中小微企业运行成本"。

《关于支持新业态新模式健康发展激活消费市场带动扩大就业的意见》将这种复用提升为"创造生产要素供给新方式"，指出要"大力推进实物生产资料数字化，促进生产资料共享，促进数据要素流通，引导增值开发应用，激活数字化对实物生产资料倍增作用，提升全要素生产率"。

"生产要素供给新方式"明确了复用的着力点在投资上："平台一次性固定资产投资，中小企业多次复用"，将实现虚实要素之间的投资替代。替代的结果，是在物质、能源、信息三大资源中，信息（数据）做乘法，物质、能源做除法。可以说，数据要素的乘法与绿色、低碳的除法，是一体两面关系。一乘二除，同时代表了数据要素乘的绿色性质与低碳性质，体现了现代化的资源利用大格局。

以数据要素为主的新质生产力是数字时代的先进生产力。这种生产力的动能，将通过传统产业的升级改造和新产业的涌现而释放,"十五五"期间,"数据要素×"赋能传统产业、优势产业、新兴产业和未来产业,形成现代化产业体系,实现高质量发展。

第五节 传统与新兴产业如何发展新质生产力?

2024年开年之际,中央政治局首次集体学习聚焦发展新质生产力,并提出"发展新质生产力是推动高质量发展的内在要求和重要着力点",释放出坚定不移推进高质量发展的重要信号。

高质量发展和高水平保护是相辅相成、相得益彰的。新质生产力的提出,凸显了科技创新的主导作用。而在高质量发展前提下的科技创新,更离不开绿色生产力。新质生产力中含绿量多少?如何推进高质量发展中的新质生产力?信息化在其中起到什么作用?

一、如何在政治经济学视角下理解"新质"?

新质生产力中的"质",具有价值论上的含义,价值本身就是经济意义上的"质"。创新体现的是供给方面的新质,体验代表的是需求方面的新质，在迭代中达到供求一致的新质，就是抽象意义上的"质量"。从这个意义上来说，高质量发展必然是新质生产力发展的结果。

同时，新质生产力转化为市场收益，不仅要靠"人无我有"的科技创新，也可以通过"人有我异"的差异化创新来实现，力争实现不污染、不耗油、不耗材反而增值性提高。发展新质生产力，还需要有合适的环境、制度与之配套，才可能相得益彰。

二、以物质、能源为主要功能载体的传统产业，如何走向新质生产力？又如何在战略性新兴产业中发展新质生产力？

"新质"在产业上具有这样的含义：建设现代化产业体系，优化产业结构，加快发展方式绿色转型。以物质、能源为主要功能载体的传统产业，转变为以数据为主要功能载体的全新的产品、生产资料、零部件和原材料，形成高附加值产业。

新质生产力利用知识、技术、管理、数据等新型生产要素替代传统的有形生产要素，减少了对生态环境的损害。通过数据的功能替代，降低了自然资源和能源投入，使经济增长摆脱有形生产要素驱动的制约。例如新能源汽车以电池、数控系统替代了燃油汽车中发动机、变速箱的同等功能，新电子设备将工业设备升级为信息设备。战略性新兴产业，包括新一代信息技术、生物技术、新能源、新材料、高端装备、新能源汽车、绿色环保以及航空航天、海洋装备等。2022年，我国战略性新兴产业增加值占国内生产总值比重超过13%。战略性新兴产业处在科技和经济发展前沿，对经济社会的长远发展具有重大引领作用。

发展战略性新兴产业，需要对战略方向有明确判断，以顺应国际竞争形势，争取战略主动。国际上的战略性新兴产业，如新能源、新材料、先进制造、电子信息等产业，无一不是以新质生产力为支撑。因此，在发展新质生产力过程中，一定要高度重视信息生产力对数字产业化与产业数字化的战略性支撑作用。

三、数据要素在新质生产力中将起到什么作用？

社会发展的整体趋势应该是在物质、能源消耗上做减法、除法，在信息增值上做加法、乘法。新质生产力的"新"，离不开数据的"新"。与旧质生产力不同，新质生产力可以在数据要素上做乘法。新质生产力以信息生产力为核心与先导，以数据为新型生产要素，将对宏观经济理论和政策产生重要影响。充分激活数据潜能，有利于在高质量发展中提高做优效率。

新质生产力是人类开发利用物质、能源和信息三大资源创造价值的根本能力。在三大资源中，生产力的新质，不仅表现在新质材料、新质能源的开发上，也表现在新质数据的生成上。信息生产力是当今社会发展产生的新质态生产力。其根本作用在于，在质上提升生产力，以实现人类需求的多样性、无限性和解决自然资源使用过程中的有限性问题。

四、如何理解高质量发展中的新质生产力？应该注意什么？

高质量发展与新质生产力，都与"质"内在有关，需要在中国式现代化的经济发展中，把质当作新的经济范式理解。需要在经济发展中将量的发展与质的发展结合起来。需要克服单纯追求 GDP 数量增长的倾向，树立"绿水青山就是金山银山"的新发展理念，并以数字化带动绿色低碳，实现创新驱动的高质量发展。

在发展中应注意以下三点：一是发展新质生产力，要把构建现代化产业体系，优化产业结构作为努力的方向，把提高附加值和提高核心技术的战略自主水平作为重要目标，通过高质量发展全面提高国际竞争力。二是发展新质生产力，应把大力发展战略产业与未来产业，同改造传统产业，加强优势产业结合起来，使新质生产力的作用得到全面发挥，推动完成产业从旧质到新质的质变。三是发展新质生产力，应把科技创新与市场创新结合起来，把提高生产与生活的质量结合起来，通过创新驱动与体验牵引实现总的高质量发展。